DIE BHAGAVADGÎTÂ

DIE

BHAGAVADGÎTÂ

Aus dem Sanskrit übersetzt
und mit einer Einleitung über ihre ursprüngliche Gestalt,
ihre Lehren und ihr Alter versehen
von

RICHARD GARBE

WISSENSCHAFTLICHE BUCHGESELLSCHAFT
DARMSTADT

Mit Genehmigung des H. Haessel Verlags, Frankfurt,
veranstalteter unveränderter reprografischer Nachdruck 1988 der
2., verbesserten Auflage. Leipzig 1921

CIP-Titelaufnahme der Deutschen Bibliothek

Die **Bhagavadgîtâ** / aus d. Sanskrit übers. u. mit e.
Einl. über ihre ursprüngl. Gestalt, ihre Lehren u. ihr
Alter vers. von Richard Garbe. – Unveränd.
reprograf. Nachdr. d. 2., verb. Aufl., Leipzig 1921. –
Darmstadt: Wiss. Buchges., 1988
Einheitssacht.: Bhagavad-gītā ⟨dt.⟩
ISBN 3-534-07512-9
NE: Garbe, Richard [Hrsg.]; EST

Bestellnummer 07512-9

Druck und Einband: Wissenschaftliche Buchgesellschaft, Darmstadt
Printed in Germany

ISBN 3-534-07512-9

ALFRED HILLEBRANDT

GEWIDMET

ZUM DANK FÜR TREUE VIERUNDVIERZIGJÄHRIGE FREUNDSCHAFT.

VORWORT ZUR ZWEITEN AUFLAGE.

Daß für dieses Büchlein eine Neuausgabe notwendig geworden ist, kann sich nur durch den in ihm ausgeführten Grundgedanken erklären. Meine Auffassung der Bhagavadgîtâ als eines ursprünglich rein theistischen und später in pantheistischem Sinne überarbeiteten Gedichtes muß Anklang gefunden und sich Bahn gebrochen haben. Die Übersetzung an sich würde eine solche Verbreitung nicht haben erringen können; denn ihre „mehr nüchtern-kritische“ Form war nicht dazu angetan, neben der „wärmer und schwungvoller gehaltenen“ [1]) Übersetzung Deußen's und der schönen poetischen Übertragung L. von Schroeder's

---

[1]) Nach der zutreffenden Charakterisierung L. von Schroeder's, Bhagavadgîtâ 85. In Fachkreisen, für die meine Arbeit hauptsächlich berechnet war, hat meine Beurteilung der Bhag. einigen Widerspruch erfahren, aber doch mehr Zustimmung; ich dürfte sagen: sehr viel mehr, wenn ich alle Äußerungen völliger oder wenig eingeschränkter Zustimmung, die mir Fachgenossen brieflich mitgeteilt haben, dazu rechnen wollte. Abgelehnt ist meine Auffassung von Louis de la Vallée Poussin (Revue d'Histoire et de Littérature religieuses 1905, 206 fg.), Hopkins (JRAS. 1905, 384 fg.), B. Faddegon (Çaṃkara's Gītābhāṣya 12 fg.) und H. Oldenberg in seiner nachgelassenen Abhandlung „Bemerkungen zur Bhagavadgītā“, Nachr. v. d. Ges. d. Wiss. zu Göttingen, phil.-hist. Kl. 1919, 321—332. Die eingehende Kritik, die Oldenberg hier an meinen Anschauungen im Prinzip und in Einzelheiten übt, geht von andersartigen Voraussetzungen aus; sie trägt meines Erachtens in der Behandlung der grundsätzlichen Fragen einen stark subjektiven Charakter und hat mich deshalb nicht von der Unrichtigkeit meines Standpunktes überzeugen können. Poul Tuxen in der Einleitung zu seiner dänischen Übersetzung der Bhag. (Kopenhagen 1920) hält zwar meine Auffassung der Entwicklungsgeschichte Kṛṣṇa's für möglich, erklärt aber meine Rekonstruktion einer ursprünglich theistischen Bhag. für ein Erzeugnis *europäischer* Logik; der *indische* Geist müsse anders beurteilt werden. Nun glaube ich, daß der indische Geist mir auch nicht ganz fremd ist, nachdem ich mich nahezu ein halbes Jahrhundert mit ihm beschäftigt und einstmals meine Kenntnisse an der Quelle, in Benares, im täglichen Umgang mit Brahmanen, die von europäischer

in weiteren Kreisen Freunde zu gewinnen. Deußen vertritt in der Einleitung zu seiner Übersetzung (1906 in „Vier philosophische Texte des Mahâbhârata“ und 1911 als Sonderdruck unter dem Titel „Der Gesang des Heiligen“) sowie in der dritten Abteilung des ersten Bandes seiner Allgemeinen Geschichte der Philosophie (1908) einen Standpunkt, der die denkbar größte Verschiedenheit von meiner Auffassung der Bhagavadgîtâ aufweist. Trotz der hohen Wertschätzung, die ich dem Lebenswerk des unlängst Verstorbenen zolle, bin ich doch genötigt, zur Rechtfertigung dieses Büchleins meinen abweichenden Standpunkt entschieden zur Geltung zu bringen. Wie vor ihm Dahlmann[1]) findet Deußen in den didaktischen Teilen des Mahâbhârata, also auch in der Bhagavadgîtâ, nicht eine Mischphilosophie, sondern eine Übergangsphilosophie, ein Mittelglied zwischen dem Idealismus der Upaniṣads und den Systemen der klassischen Zeit, namentlich dem Sâṃkhya und Yoga. Im Epos bezeichneten nach Deußen die Worte Sâṃkhya und Yoga überhaupt noch gar nicht philosophische Systeme, sondern wären in den Bedeutungen

---

Kultur ganz unbeeinflußt waren, ergänzt habe. Mir ist stets als ein besonders charakteristischer Zug indischen Geisteslebens die seit alter Zeit auf allen möglichen Gebieten herrschende Neigung erschienen, Verschiedenartiges zu vereinheitlichen und tatsächlich vorhandene Gegensätze auszugleichen. Dieser echt indische Assimilationstrieb tritt uns meines Erachtens mit hervorragender Deutlichkeit in der überlieferten Form der Bhag. entgegen. Zugestimmt haben mir Sir George Grierson (Encyclopaedia of Religion and Ethics II. 540 fg., Ind. Ant. 1908, 251 fg., besonders 257), R. Simon (Beilage zur Allgemeinen Zeitung 1905, Nr. 147), M. Winternitz (WZKM. 1907, 196 fg., Gesch. d. ind. Litt. I. 373 fg.), F. Otto Schrader (ZDMG. 64, 340), Gregorio Franzò (De Kapili philosophia et de Bhagavadgîtâ, Pisa 1911), P. E. Pavolini (Recenti lavori sulla Bhagavadgîtâ, Firenze 1912, S. 7). Ob ich auch die freundlichen Besprechungen von E. Hultzsch im Lit. C.-Bl. 1905, 624 fg. und von Joh. Hertel, Studien zur vergleichenden Literaturgeschichte 9, 363—365, als Zustimmungen zu meiner Auffassung deuten darf?

[1]) Nirvāṇa, 1896, Die Sânkhya-Philosophie als Naturlehre und Erlösungslehre, 1902.

„Überlegung, Reflexion“ und „Hingebung“ gebraucht. Die Grundanschauung insbesondere der Bhagavadgîtâ wäre die alte Upaniṣadlehre, nach welcher der Âtman die einzige Realität, die Welt eine bloße Illusion (*mâyâ*) ist; aber diese Grundanschauung wäre durchsetzt mit neuen realistischen Ideen, die „schließlich zum Sâṃkhya-Systeme sich kristallisierten, dessen Grundbegriffe wir schon überall hervortreten sehen“. Für Deußen ist somit das ganze Sâṃkhya nur ein Ableger oder eine Entartung des Vedânta, bewirkt durch das Aufkommen realistischer Tendenzen; er will die Entstehung selbst der älteren Sâṃkhya-Lehre „aus dem Vedânta in den Texten des Mahâbhârata schrittweise verfolgt haben“ und meint, daß das Sâṃkhya „in allen seinen Einzelheiten philosophisch nur begriffen werden kann als ein degenerierter Vedânta“ [1]). Mit dieser Voraussetzung, auf der Deußen's Übersetzung der Bhagavadgîtâ beruht, ist das Alter des Sâṃkhya und Yoga vollkommen verkannt. Beide Lehren sind — und zwar nicht in Vorstufen, sondern als Systeme — viel älter als die didaktischen Teile des Mahâbhârata; und die zur Ekstase führenden Übungen, welche die Grundlage des Yoga-Systems bilden, reichen bis in die graueste Vorzeit zurück.

Ich muß hier einschalten, daß mein Freund Leopold von Schroeder, dessen vorzeitiger, soeben gemeldeter Tod für mich einen schweren Verlust bedeutet, nach dem Erscheinen meiner Bhag.-Übersetzung (1905) weder brieflich noch in seiner Besprechung (WZKM. 1905, 411) mit Ausdrücken lebhafter Zustimmung gekargt, aber sieben Jahre später sich in der Einleitung zu seiner eigenen Übersetzung, nachdem er „mehrfach stark geschwankt“ (S. XIV Anm.), zu Deußen's Auffassung bekannt hat. Ich hatte die jetzt so schmerzlich vereitelte Hoffnung gehegt, meinen hochverdienten und unvergeßlichen Freund aufs neue von der Richtigkeit meiner Beurteilung der Bhag. und des Alters des Sâṃkhya-Systems zu überzeugen.

[1]) S. die Zitate in meiner Sâṃkhya-Philosophie ^{2} 41 und Deußen's Übersetzung der Bhagavadgîtâ, Einleitung VII, X.

Wenn mir dies nicht etwa schon durch die ausführliche Behandlung dieser Fragen in der zweiten Auflage meiner „Sâṃkhya-Philosophie“ (1917) gelungen sein sollte.

Ich kann natürlich hier nur die Hauptpunkte aus der Kritik herausheben, die ich damals an Deußen's Anschauung — $2^1/_2$ Jahre vor seinem Tode, ohne Widerspruch von ihm zu erfahren — geübt habe.

Seit 1909 besitzen wir das um 300 vor Chr. verfaßte Kauṭilîya, das als die drei zu seiner Zeit vorhandenen Systeme der Philosophie (*ânvîkṣikî*) Sâṃkhya, Yoga und Lokâyata (den Materialismus) nennt. Also ein unverdächtiges Zeugnis dafür, daß damals weder der Vedânta noch irgendein anderes brahmanisches System existierte und daß Sâṃkhya und Yoga in Blüte standen, lange bevor die didaktischen Teile des Mahâbhârata verfaßt wurden. Dieses Zeugnis und die grundlegenden Aufsätze über das Kauṭilîya, in denen Jacobi 1911 dieses Zeugnis mitteilte, kannte Deußen noch nicht, als er die oben herausgehobenen Sätze über die von ihm angenommene Art der Entstehung des Sâṃkhya-Systems schrieb. Aber bekannt hätte Deußen der Aufsatz von Jacobi, Gött. gel. Anz. 1897, 265 fg., sein können, wo nachgewiesen ist, daß im Mahâbhârata (XII. 13628, 29) die bewußte Verschmelzung des Sâṃkhya-Yoga mit dem Vedânta in dürren Worten ausgesprochen ist und daß zuerst Sâṃkhya und Yoga, darauf Sâṃkhya und Vedânta verschmolzen worden sind. In jenen Versen ist also der Mischmasch philosophischer Lehren in den jungen Zutaten des Mahâbhârata als solcher deutlich bezeugt. Schon damit wäre die „Übergangsphilosophie“ des Epos erledigt gewesen. Jacobi sagt S. 273: „So stellt sich uns das Verhältnis des epischen Sânkhya zum klassischen auf Grund der im Mbh. enthaltenen Anhaltspunkte dar: das epische, monistische Sânkhya hat sich aus dem dualistischen System, wie es das klassische Sânkhya bietet, entwickelt, und zwar durch Anlehnung an vedântistische Anschauungen von dem höchsten Brahman“; und S. 278: „Das «epische» Sânkhya ist nicht ein «älteres» Sânkhya, ... sondern ein zur philosophischen Fundierung volkstümlicher Religionen durch Aufnahme von Vedânta-Ideen umgestaltetes Sânkhya" [1]). Diese Worte richten sich in einer Kritik gegen Dahlmann, der wenigstens ein „episches Sâṃkhya" als Vorstufe des wirklichen S. anerkennt; sie sind aber noch viel mehr gegen Deußen anzuwenden, nach dessen Ansicht Sâṃkhya im Epos ja nur „Reflexion" bedeutet und keine bestimmte philosophische Lehre bezeichnet.

Die Unhaltbarkeit von Deußen's Standpunkt zeigt sich ferner darin, daß nach ihm Sâṃkhya und Yoga auch außerhalb des Mahâbhârata in anderen Werken, die in Wirklichkeit zu alt sind, um mit Deußen's Theorie in Einklang gebracht werden zu können, nur die Bedeutungen „Prüfung" und „Hingebung" haben dürfen. Es kommt dabei hauptsächlich die Śvetâśvatara Upaniṣad in Betracht [2]). In ihr werden nicht nur das Sâṃkhya und der Yoga VI. 13 genannt, sondern es wird auch die Grundlehre des Sâṃkhya in dem Vers von dem Bock und der Ziege (IV. 5) und V. 2 der vergöttlichte Stifter des Systems, der Ṛṣi Kapila, erwähnt. Für Deußen ergibt sich daraus die Notwendigkeit, *Kapila* hier für das Adjektiv „rot" zu erklären und „der rote Ṛṣi" zu übersetzen. Ja, das Vorkommen von Sâṃkhya und Kapila in der Śvet. Up. gilt Deußen als das stärkste Argument gegen die Abhängigkeit dieser Upaniṣad vom Sâṃkhya-System und als Beweis dafür, daß dem Autor der Upaniṣad Sâṃkhya als Name des Systems und Kapila als Name seines Urhebers noch völlig unbekannt waren! Das Nähere darüber Sâṃkhya-Philosophie [2] 48, 49.

---

[1]) An anderen Stellen hat Jacobi das sogenannte „epische Sâṃkhya" für eine popularisierende Entartung des eigentlichen Sâṃkhya erklärt und das stoffliche Abhängigkeitsverhältnis des Vedânta vom Sâṃkhya-System nachgewiesen. S. meine Sâṃkhya-Philosophie [2] 40.

[2]) S. Deußen, Sechzig Upanishad's 291, 304; Allg. Gesch. d. Philos. I. 3, S. 409.

Schließlich ist Deußen selbst doch das Bedenken gekommen, daß die lehrhaften Teile des Mahâbhârata zu jung seien, um seine Theorie von der Entstehung des Sâṃkhya-Systems aus diesem wirren Gedankengemengsel glaubhaft erscheinen zu lassen; denn er sagt (Allg. Gesch. d. Philos. I. 3, S. VI): „Freilich sind diese [epischen Texte] nicht die ursprünglichen (für uns verlorenen) Denkmäler jenes Entwicklungsganges, sondern enthalten nur deren poetische Reflexe im Geiste der Mahâbhârata-Dichter..." Also die Originale der ungeheuren didaktischen Massen des Epos seien verloren gegangen und die vorhandenen Texte als spätere Nachdichtungen der verlorenen Denkmäler anzusehen. Da für eine solche Voraussetzung kein Beweis erbracht ist und erbracht werden kann, verdient diese Ausflucht, bei der man allen festen Boden unter den Füßen verliert, keine ernsthafte Erwägung.

Soviel mußte ich hier gegen Deußen's und L. von Schroeder's Anschauung sagen, um zu zeigen, wie gute Gründe ich habe, mein Urteil über den ursprünglichen Charakter der Bhagavadgîtâ und über ihre Entstellung durch eine spätere Überarbeitung aus einer ganz anderen Weltanschauung heraus aufrechtzuerhalten.

Meine nachfolgende Einleitung weist erhebliche, die Übersetzung nur wenige Umgestaltungen und Zusätze auf.

Tübingen, Februar 1920.

R. Garbe.

EINLEITUNG.

An Übersetzungen der Bhagavadgîtâ und an Abhandlungen über sie ist wahrlich kein Mangel [1]). Trotzdem ist eine neue Übersetzung und Untersuchung des berühmten Gedichts nicht überflüssig, nachdem Böhtlingk durch seine „Bemerkungen zur Bhagavadgîtâ" [2]) gezeigt hat, wie viel noch für das genaue Verständnis des Textes zu tun ist. Böhtlingk's Bemerkungen schließen mit den Worten: „Eine unbefangene, von keinem Kommentator beeinflußte Prüfung des philosophischen Gehaltes der Bhagavadgîtâ von einem mit den philosophischen Systemen der Inder vertrauten Gelehrten käme gewiß Vielen erwünscht." Da ich glaubte, daß der große Forscher mit dieser Anschauung Recht hätte und daß ich mich auf Grund meiner Arbeiten zur indischen Philosophie unter die zu einer solchen Aufgabe Berufenen rechnen dürfte, so habe ich kein Bedenken getragen, die Ergebnisse mehrfacher eingehender Beschäftigung mit der Bhag. zu veröffentlichen.

I. DIE BHAGAVADGÎTÂ IN IHRER URSPRÜNGLICHEN GESTALT.

Die Zeiten, in denen die Bhag. wegen der Erhabenheit ihrer Gedanken und ihrer Sprache in Europa nichts

---

[1]) Eine ausführliche Übersicht über die Handschriften, Ausgaben und Übersetzungen der Bhag., über die einheimischen Kommentare und über die Erläuterungsschriften europäischer Gelehrter gibt Adolf Holtzmann, Das Mahâbhârata und seine Teile II. (1893) 121—153. Seit dem Erscheinen dieses Bandes ist kein Jahr vergangen, das nicht in Indien weitere Beiträge zur Literatur der Bhag. hervorgebracht hätte. Neue Übersetzungen sind seitdem — und später als die erste Auflage der meinigen — auch in Europa erschienen. Die vollständigste Aufzählung der Übersetzungen der Bhagavadgîtâ und der Abhandlungen über sie findet man am Schluß von J. W. Boissevain's holländischer Übersetzung (3. Aufl., Amsterdam 1919).

[2]) Berichte der phil.-hist. Klasse der Königl. Sächs. Gesellschaft der Wissenschaften, Sitzung vom 6. Februar 1897.

als Begeisterung und Entzücken erregte, sind längst vorüber. Wir sind — abgesehen von phantastischen Theosophen wie Franz Hartmann und einigen sonstigen Schwärmern — nüchterner und kritischer geworden und verschließen unsern Blick nicht mehr gegen die offenkundigen Mängel und Schwächen des Gedichts. Ebenso ist die in Indien noch heute herrschende Vorstellung von der Einheitlichkeit der Bhag.[1]) schon oft genug von deutschen Gelehrten angefochten worden. Bereits W. von Humboldt hat im Jahre 1826 in seiner berühmten Abhandlung „Über die unter dem Namen Bhagavad-Gîtâ bekannte Episode des Mahâ-Bhârata" S. 53 gesagt, daß „sich Einschiebungen und Zusätze, wenn man auch nicht imstande ist, sie einzeln anzugeben, mit großer Wahrscheinlichkeit vermuten lassen", und S. 54: „Auch würde der Zusammenhang der einzelnen Lehrsätze wahrscheinlich fester gewesen sein, wenn schon den ersten Entwurf die

[1]) Protâp Chandra Roy sagt in der von ihm herausgegebenen Übersetzung des Mahâbhârata VI. S. 75 Anm.: „The text of the Gîtâ has come down to us without, it may be ventured to be stated, any interpolation." Eine Ausnahme — allerdings eine recht unrühmliche — bildet eine kleine Abhandlung von R. R. Bhagawat, Professor, St. Xavier's College, Bombay (einem Brahmanen von hoher Kaste, keinem katholischen Konvertiten). Dieser hat unter dem Titel „Divings into Bhagavad-Gîtâ" in der indischen Wochenschrift The Christian Patriot vom 14., 21. und 28. Januar 1905 darzulegen gesucht, daß die Bhag. nicht weniger als 6 Überarbeitungen erfahren habe. Er spricht von „7 editions", die er im einzelnen in ganz unwissenschaftlicher und phantastischer Art charakterisiert, und von „7 anonymous editors". Dieser Entdeckung hat R. R. Bhagawat sich bemüht möglichst weite Verbreitung zu geben; denn in jeder der drei Nummern des Christian Patriot findet sich unter dem Titel der Abhandlung folgende Anmerkung: This is the substance of a tract, which will be sent free to any address in India, on receipt of one half-anna stamp. Dieser Tract in Duodez enthält unter dem gleichen Titel „Divings into Bhagavad-Gîtâ" denselben Text wie die erwähnten Zeitungsnummern. Ein zweiter Tract in demselben Format und Umfang, „The original Bhagavad-Gîtâ unearthed" bietet Text und Übersetzung der 60 Verse, die R. R. Bhagawat für die Ur-Bhagavadgîtâ hält.

Idee eines Ganzen beherrscht hätte.“ Mit größerer Entschiedenheit hat sich dann A. Weber, Ind. Stud. II. (1853) 394 dahin ausgesprochen, daß „die Bhag. jedenfalls nur als eine Zusammenstellung zum Teil höchst verschiedenartiger Stücke gelten kann.“ Die Notwendigkeit der Annahme, daß die Bhag. umgearbeitet sei, betont Adolf Holtzmann, Das Mahâbh. u. s. Teile II. 163–165; und ebenso spricht E. W. Hopkins, The Great Epic of India (1902) mehrfach (S. 205, 234) von der rewritten Gîtâ (rewritten by a modernizing hand). In welcher Weise überarbeitet Hopkins sich die Gîtâ denkt, ist aus seinem älteren Werke, The Religions of India 389, zu ersehen, wo es heißt: „This Divine Song (or Song of the Blessed One) is at present a Krishnaite version of an older Vishnuite poem, and this in turn was at first an unsectarian work, perhaps a late Upanishad.“ Und S. 399 sagt Hopkins „It is .... noticeable that although Krishna (Vishnu) is the ostensible speaker, there is scarcely anything to indicate that the poem was originally composed even for Vishnu“ [1]). Wie aus dem Folgenden hervorgeht, teile ich diese Auffassung des amerikanischen Gelehrten nicht. Die Überzeugung aber, daß die Bhag. uns nicht in ihrer ursprünglichen Form vorliegt, sondern daß sie wesentliche Umgestaltungen erfahren hat, wird heute wohl von den meisten Indologen außerhalb Indiens geteilt. Jacobi hat (ZDMG. 72, 323—327) in 24 Versen der Bhag. die annähernde Grundlage zu finden geglaubt, auf der die Abfassung der Bhag. und ihre Einfügung in das Mahâbhârata beruht, ohne die von mir aufgeworfene Frage nach einer Grundform und einer Überarbeitung des Gedichts zu berühren.

Die verbreitete Überzeugung, daß die Bhag. überarbeitet ist, hat bisher noch nicht zu dem Versuche geführt, die jüngeren Teile auszuscheiden. Aus begreif-

---

[1]) Von Interpolationen und Änderungen in der Bhag. spricht Hopkins, Religions of India 390 und 429 oben.

lichen Gründen; denn ein solcher Versuch fordert die Kritik gar zu sehr zu Einwendungen und Widerspruch heraus. Bei der Bedeutung aber, welche die Bhag. für das indische Geistesleben hat, scheint es mir schon im religionsgeschichtlichen Interesse an der Zeit zu sein, diesen Versuch zu wagen. Meine nachfolgende Übersetzung, die weder schwungvoll noch glatt und gefällig, sondern wortgetreu sein will, enthält deshalb in kleinerem Druck diejenigen Bestandteile, die meiner Meinung nach von späterer Hand hinzugefügt worden sind. Ich bin dabei von folgenden Erwägungen ausgegangen.

A. Holtzmann wird a. a. O. S. 163, 164 durch die Widersprüche in der Bhag. zu der Annahme geführt, „daß wir die vischnuitische Umarbeitung eines pantheistischen Gedichtes vor uns haben. Wir müssen eine ältere und eine jüngere Bhagavadgîtâ unterscheiden. Das ältere Gedicht war eine im pantheistischen Sinne abgefaßte philosophisch-poetische Episode des alten, echten Mahâbhârata." Als ich diese Ausführungen las, stand schon bei mir die Überzeugung fest, daß die Sache sich gerade umgekehrt verhalte. Kurz vor der eben herausgehobenen Stelle weist Holtzmann in ganz richtiger Weise darauf hin, wie die theologische Idee des Gedichts mit sich selbst im Widerspruche begriffen sei: „auf der einen Seite die pantheistische durchaus unpersönliche Weltseele, auf der andern der höchst persönliche und realistische, als Mensch verkörperte Kṛshṇa-Vishṇu, und es wird uns zugemutet zu glauben, daß diese beiden eins seien." Von diesem Widerspruch muß in der Tat die Untersuchung ausgehen, die es unternimmt, die alten und die jüngeren Bestandteile der Gîtâ voneinander zu scheiden; aber sie darf meines Erachtens nicht in Holtzmann's Sinne geführt werden.

Der ganze Charakter des Gedichts ist der Anlage und Ausführung nach überwiegend t h e i s t i s c h. Ein persönlicher Gott, Kṛṣṇa, tritt auf, in der Gestalt eines menschlichen Helden, trägt seine Lehren vor, fordert von dem

Hörer neben Pflichterfüllung vor allen Dingen gläubige Liebe zu ihm und Ergebung, offenbart sich dann in besonderer Gnade in seiner überirdischen, aber immer noch menschenähnlichen Gestalt, und verheißt dem Gläubigen als Lohn der Gottesliebe, daß dieser nach dem Tode zu ihm eingehen, in die Gemeinschaft Gottes gelangen werde. Und neben diesem so persönlich wie möglich gestalteten Gotte, der das ganze Gedicht beherrscht, steht manchmal als höchstes Prinzip das unpersönliche neutrale Brahman, das Absolute. Bald sagt Kṛṣṇa von sich, daß er der einige, höchste Gott sei, der die Welt und alle Wesen geschaffen hat und das All regiert; bald verkündet er die vedântistische Lehre von dem Brahman und der Mâyâ, der kosmischen Illusion, und stellt als höchstes Ziel des Menschen hin, daß er über den Weltenschein hinausgelange und zum Brahman werde. Diese beiden Lehren, die theistische und pantheistische, sind ineinander geschoben und folgen sich zuweilen ganz unvermittelt, zuweilen in loser Verknüpfung. Und es wird nicht etwa die eine als niedere, exoterische, die andere als höhere, esoterische Lehre hingestellt; es wird nicht etwa gelehrt, daß der Theismus vorbereitende Stufe zur Erkenntnis oder Symbol der Wahrheit und der Pantheismus des Vedânta die Wahrheit selbst sei; sondern die beiden Glaubensformen werden fast durchweg ganz so behandelt, als ob zwischen ihnen gar kein Unterschied bestehe, weder dem Werte noch dem Inhalte nach.

Man hat sich über die Widersprüche in der Bhag. mit der Erklärung hinwegsetzen wollen, daß hier kein bestimmtes System vorgetragen werde, sondern daß ein Dichter spreche, der die Gedanken nehme und forme, wie sie ihm zuströmen, ohne der Widersprüche zu achten, die sich im einzelnen ergeben [1]). Eine solche Beurteilung

[1]) W. von Humboldt S. 45: „Es ist ein Weiser, der aus der Fülle und Begeisterung seiner Erkenntnis und seines Gefühls spricht, nicht ein durch eine Schule geübter Philosoph, der seinen Stoff nach einer bestimmten Methode verteilt und an dem Faden einer kunstvollen Ideenverkettung zu den letzten Sätzen seiner Lehre gelangt."

der Gîtâ ist ganz unrichtig. Die Gîtâ ist wahrlich kein „Kunstwerk, das der zusammenschauende Blick des Genius geschaffen hat“. Wohl ist manchmal der Schwung der Begeisterung fühlbar; aber nicht selten sind es tönende, leere Worte, mit denen ein schon oft genug ausgesprochener Gedanke wiederholt wird, und gelegentlich ist der sprachliche Ausdruck überaus mangelhaft. Wörtlich sind Verse aus der Upaniṣad-Literatur in die Gîtâ übernommen, was ein von Begeisterung fortgerissener Dichter kaum getan haben würde. Mit echt-indischer Pedanterie werden die Einflüsse von Sattva, Rajas und Tamas systematisiert; und noch manches sonst ließe sich anführen zum Beweise dafür, daß die Gîtâ nicht ein Erzeugnis wahrhaft poetischen Schaffensdranges, sondern ein zum Teil recht künstliches Lehrgedicht zur Verbreitung bestimmter religiös-philosophischer Gedanken ist [1]). Durch Berufung auf den poetischen Charakter läßt sich also der große durch die Gîtâ gehende Widerspruch nicht beseitigen. Man kann ihn nur durch die Annahme aufheben, daß eine der beiden sich widersprechenden Lehren, die dem persönlichen Gotte Kṛṣṇa in den Mund gelegt sind, eine spätere Zutat sein muß. Und wenn das so ist, werden wir da im Ernst zweifeln können, daß wir die pantheistische Lehre und nicht mit Holtzmann die theistische auszuscheiden haben?

---

[1]) Böhtlingk sagt in seinen „Bemerkungen“ S. 6 unten: „Die Gîtâ enthält neben vielen hohen und schönen Gedanken auch nicht wenige Schwächen: Widersprüche (die die Kommentatoren vergebens zu heben versuchen), Wiederholungen, Übertreibungen, Abgeschmacktheiten und Widerlichkeiten“. Hopkins, Religions of India 390, nennt die Bhag. das charakteristischste Werk der Hindu-Literatur, „in its sublimity as in its puerilities, in its logic as in its want of it“, und S. 399 unten „an ill-assorted cabinet of primitive philosophical opinions“. Über den poetischen Wert der Bhag. fällt Hopkins S. 400 folgendes Urteil: „Despite its occasional power and mystic exaltation, the Divine Song in its present state as a poetical production is unsatisfactory. The same thing is said over and over again, and the contradictions in phraseology and in meaning are as numerous as the repetitions, so that one is not surprised to find it described as „the wonderful song, which causes the hair to stand on end.“

Aber — so wird man einwenden — einen Widerspruch haben die Inder in dieser Kombination von Theismus und Pantheismus gar nicht gefühlt; an vielen anderen Stellen des Mahâbhârata (z. B. gleich im Anfang, Anukramaṇikâparvan v. 22—24), in den Purâṇas und anderweitig wird ja oft genug Kṛṣṇa, bzw. Viṣṇu, mit der Allseele identifiziert; und im System des Râmânuja wird ja das Brahman durchaus persönlich aufgefaßt, als ein allmächtiger, allwissender und liebevoller Regierer der Welt, die von seinem göttlichen Geiste durchdrungen ist. Warum soll nicht der Verfasser der Gîtâ aus eben diesem Glauben heraus, in dem theistische und pantheistische Elemente nebeneinander lagen, gedichtet haben?

Darauf erwidere ich folgendes. Die Identifizierung Kṛṣṇa's mit dem Brahman, seine Auffassung als Allseele gehört einer späteren, von synkretistischen Neigungen ganz erfüllten Zeit an als die ursprüngliche Bhagavadgîtâ. Das läßt sich noch aus der überlieferten Bhag. nachweisen.

Erst in den jüngeren Teilen des Mbh. gilt bekanntlich Kṛṣṇa als Allwesen; die Gîtâ aber gehört nicht zu den späten Einschüben. Selbst in der uns vorliegenden Überarbeitung wird die Bhag. mit Recht für eine der älteren Episoden des Mbh. angesehen (Holtzmann, Mahâbh. u. s. Teile II. 121, Hopkins, Great Epic 205, 402); ja Holtzmann will I. 127 „die ältesten Teile der Bhag. unbedenklich dem alten Gedicht zuschreiben". Wenn ich auch diesen letzten Satz nicht unterschreiben möchte, so ist doch schon aus sprachlichen und metrischen Gründen an dem relativen Alter der Bhag. nicht zu zweifeln [1]). Damit stimmt auch ganz überein, daß Kṛṣṇa in der Gîtâ noch fast durchweg als Person auftritt, und daß seine Gleichsetzung mit dem Brahman nur an wenigen Stellen (von denen gleich näher gehandelt werden soll) mit deutlichen Worten ausgesprochen ist. Hier will ich nur auf

---

[1]) Das Weitere darüber s. in Kapitel IV dieser Einleitung.

Bhag. VII. 19 aufmerksam machen: „Am Ende von vielen Existenzen naht der Erkennende sich mir mit dem Gedanken ‚Vâsudeva ist das All'. Solch ein Hochsinniger ist sehr schwer zu finden"; d. h. sehr selten wird Kṛṣṇa als All (oder Brahman) aufgefaßt, sondern fast immer als persönlicher Gott. Sagt hier der Bearbeiter nicht mit klaren Worten aus, daß die Gleichsetzung Kṛṣṇa's mit dem Brahman zu seiner Zeit erst im Werden war? In den ersten Versen von Gesang XII, die meiner Meinung nach dem alten Gedicht angehören, werden ausdrücklich die Verehrer des unvergänglichen und unerkennbaren Brahman den Theisten, den Kṛṣṇa-Verehrern gegenübergestellt, unter Bevorzugung der Letzteren (v. 2) und mit der Bemerkung, daß für die Theisten die Mühe zur Gewinnung des Heils geringer sei (v. 5).

Hopkins, Great Epic 398 charakterisiert die dritte der von ihm angenommenen Perioden in der Entwicklung des Mahâbhârata-Textes mit den Worten „Remaking of the epic with Krishna as all-god, etc."; für die vorangehende zweite Periode (a Mahâbhârata tale with Pandu heroes, lays and legends combined by the Puranic diaskeuasts) stellt Hopkins „Krishna as a demigod" hin. Ich glaube auf Grund dieses knappen und für mich in der Hauptsache ganz überzeugenden Schemas [1]) Hopkins nicht die Meinung zuschreiben zu dürfen, daß Kṛṣṇa sich unmittelbar aus einem demigod zum all-god, aus einem Halbgott

[1]) Joseph Dahlmann's Theorie von der Einheitlichkeit des Mbh., die wohl von keinem nicht-indischen Fachgelehrten geteilt wird, darf ich bei meinen Untersuchungen außer Betracht lassen. M. Winternitz, Gesch. d. ind. Litt. I. 392, sagt treffend: „Wer mit den strenggläubigen Indern oder mit Dahlmann glauben wollte, daß unser Mahâbhârata das Werk eines einzelnen Mannes sei, der müßte annehmen, daß dieser Mann zu gleicher Zeit ein großer Dichter und ein erbärmlicher Stümper, ein Weiser und ein Schwachkopf, ein genialer Künstler und ein lächerlicher Pedant gewesen sei — abgesehen davon, daß dieser Wundermann ein Kenner und Bekenner der entgegengesetztesten religiösen Anschauungen und der widersprechendsten philosophischen Lehren gewesen sein müßte."

zum Allwesen entwickelt habe. Dazwischen liegt natürlich der Übergang vom Halbgott zum Gott und dessen Gleichsetzung mit Viṣṇu [1]). Erst, nachdem der Kṛṣṇa-Kult in seiner Entwicklung dahin gelangt war, konnte der eine Gott mit der Allseele identifiziert werden, — ein Vorgang übrigens, der weniger eine Erhöhung des einen persönlichen Gottes als ein Herabsinken des Brahman-Begriffs bedeutete.

In der Zeit, in der Kṛṣṇa-Viṣṇu für das Brahmanentum der höchste Gott — oder sagen wir geradezu: Gott geworden war, ist die ursprüngliche Bhagavadgîtâ verfaßt worden; aus der Zeit, als man begann Kṛṣṇa mit dem Brahman zu identifizieren und den Kṛṣṇaismus überhaupt zu vedântisieren, stammt die uns vorliegende pantheistische Überarbeitung des Gedichts, stammen diejenigen Bestandteile, die in meiner Übersetzung als Zusätze kenntlich gemacht sind. Ich wies schon vorher darauf hin, daß Kṛṣṇa in der Gîtâ mit dem Brahman nur erst ganz vereinzelt identifiziert erscheint. Manchmal stehen die Begriffe Kṛṣṇa und Brahman noch als verschiedene dicht nebeneinander, so daß es fast den Eindruck macht, als ob der Überarbeiter sich gescheut habe, bei dem offenkundigen theistischen Charakter seiner Vorlage die Identität Kṛṣṇa's und des Brahman konsequent zu behaupten. Zwar sagt Arjuna Bhag. X. 12 zu Kṛṣṇa: „Das höchste Brahman bist du", und an der schon zitierten Stelle VII. 19 heißt es: „Vâsudeva ist das All" (ähnlich XI. 40); aber VIII. 1 fragt Arjuna: „Was ist dieses Brahman?", und Kṛṣṇa antwortet in v. 3 nicht: „Ich bin es", sondern „Das Brahman ist das unvergängliche Höchste" und gibt von sich selbst in v. 4b eine andere Erklärung. XIV. 26, 27 sagt Kṛṣṇa: „Wer mir mit unwandelbarer liebevoller Ergebung dient, der ..... wird des Eingehns in das Brahman

[1]) Von dieser Gleichsetzung Kṛṣṇa's mit Viṣṇu und ihrer Ursache werde ich näher in anderem Zusammenhang in Kapitel II handeln.

teilhaftig; denn ich bin die Grundlage des Brahman .....". XVIII. 50—53 wird gelehrt, durch welche Mittel der Vollkommene zum Brahman gelangt; aber unmittelbar darauf v. 54, 55 hören wir, daß der zum Brahman Gewordene die höchste Liebe zu Kṛṣṇa faßt und infolgedessen zu Kṛṣṇa eingeht.

An diesen Stellen sind also Kṛṣṇa und das Brahman ausdrücklich voneinander unterschieden. Aber sie sind nicht nur hier zweierlei, sondern durch das ganze Gedicht hindurch (abgesehen eben von den Stellen, wo der vedântistische Bearbeiter die beiden Begriffe vollständig miteinander identifiziert und vermengt hat). In dem alten Gedicht spricht Kṛṣṇa von sich — und Arjuna von Kṛṣṇa — als von einem Individuum, einer Person, einer bewußten Gottheit [1]); in den Zutaten der Bearbeitung tritt das neutrale Brahman als der höchste Begriff auf und wird gelegentlich mit Kṛṣṇa gleichgesetzt. Kurz gesagt: in dem alten Gedicht wird der durch Sâṃkhya-Yoga philosophisch begründete Kṛṣṇaismus verkündigt; in den Zutaten der Bearbeitung wird Vedânta-Philosophie gelehrt [2]). Man weiß ja längst, daß

[1]) Auch in den Schilderungen der Ṛṣis Mbh. VI. Adhy. 68 (ed. Calc.) wird Kṛṣṇa noch ganz überwiegend persönlich aufgefaßt.

[2]) Die Zutaten der Bearbeitung verhalten sich zu der ursprünglichen Bhag. wie in der Nṛsiṃhatâp. Up. das später hinzugefügte Uttaratâpanîya zu dem älteren Pûrvatâpanîya. Weber hat Ind. Stud. IX. 54 die beiden Teile der Upaniṣad mit folgenden Worten charakterisiert: „Die große Differenz derselben von einander liegt klar vor Augen. Das pûrvatâpanîyam ist rein exoterisch, hat es nur mit der Glaubensformel einer Sekte zu tun, welche als höchsten Ausdruck, erhabenste Form der Gottheit die nṛisiṅha-Form Vishṇu's feiert, und steht im wesentlichen auf dem Standpunkt der yoga-Lehre. Das uttaratâpanîyam dagegen ist rein esoterisch, hat es nur mit der Identität der Allseele, des höchsten âtman, resp. brahman, mit dem All, insbesondere unter dem Bilde ihrer Identität mit der heiligen Formel om, deren einzelne Teile ihrerseits als das All in sich schließend dargestellt werden, zu tun, und steht im wesentlichen auf dem Standpunkt der Vedânta-Lehre." Also auch in der Nṛsiṃhatâp. Up. ist der auf die Yoga-Lehre

die Lehren des Sâṃkhya-Yoga im großen und ganzen die Grundlage der philosophischen Betrachtungen der Bhag. sind und daß neben ihnen der Vedânta erheblich zurücktritt. Wie oft werden Sâṃkhya und Yoga mit Namen genannt, während Vedânta nur einmal (*vedântakṛt* XV. 15), und zwar im Sinne von Upaniṣad [1]), vorkommt! Also auch wenn man bloß an die Rolle denkt, welche die philosophischen Systeme in der überlieferten Gîtâ spielen, und wenn man den unvereinbaren Gegensatz von Sâṃkhya-Yoga und Vedânta ins Auge faßt, der auch nur durch Unterscheidung von Alt und Neu zu beseitigen ist, so erweisen sich wiederum die vedântistischen Bestandteile der Bhag. als unursprünglich. Mag man die Gîtâ also von der religiösen oder von der philosophischen Seite aus untersuchen, in beiden Fällen gewinnt man dasselbe Ergebnis [2]).

Da Mîmâṃsâ und Vedânta in der philosophischen Literatur des Brahmanentums aufs engste verbunden sind, so ist es begreiflich, daß der Überarbeiter der Gîtâ in dieses populäre, nicht streng philosophische, sondern mehr religiöse Werk neben Vedânta-Anschauungen auch Mîmâṃsâ-Lehren hineingetragen hat. Daß sich das Gedicht II. 42—46 und XVIII. 66 entschieden gegen den vedischen Werkdienst wendet, hat den Überarbeiter nicht abgehalten, Zusätze zu machen, in denen er seinen ritualistischen Standpunkt vertritt und das vedische Opferwerk nachdrücklich anempfiehlt (III. 9—18, IV. 31) [3]). In dem alten

gegründete Theismus das ältere, die vedântistische Auffassung das jüngere. Übrigens wird aus Kap. IV dieser Einleitung hervorgehen, daß der Überarbeiter der Bhag. das Uttaratâpanîya benutzt hat.

[1]) Diese Bedeutung hat Vedânta überhaupt stets im Mbh. Vgl. Hopkins, Great Epic 93.

[2]) Auch in dem sogenannten Quintessenz-Verse der Gîtâ XI. 55 (*sarva-śâstra-sâra* oder ähnl. bei den Kommentatoren) ist nichts von vedântistischer Auffassung enthalten.

[3]) Die Beschreibung des tamasartigen Opfers XVII. 13, „bei dem die Sprüche fehlen und [den Brahmanen] kein Opferlohn ge-

Gedicht war IV. 25 fg. und sonst das Opfer durchaus im übertragenen, geistigen Sinne aufgefaßt.

Nachdem die Bhag. so fertig war, wie sie auf uns gekommen ist, hat sie — also mit ihren Kombinationen, Widersprüchen und Unklarheiten, die der indische Mystizismus ertragen konnte — späteren Dichtern als Vorbild gedient; nach ihrem Muster sind (abgesehen von einzelnen Anlehnungen an die Bhag., wie Mbh. III. 120 und in dem Pâñcarâtra-Abschnitt Mbh. XII. Adhy. 341, vgl. besonders Bhag. XI. 15 fg. und Mbh. XII, 12914 fg., Calc. ed.) die Anugîtâ (Mbh. XIV, Adhy. 16—51), die Îśvaragîtâ (Kûrmap. II, Adhy. 1—11), die Vyâsagîtâ (Kûrmap. II, Adhy. 12—34)[1]) und wohl noch einige andere Sachen angefertigt worden.

Ich habe im Laufe der Jahre die Bhag. sechs- oder siebenmal durchgelesen, und immer hat sich bei mir der Eindruck verstärkt, daß die vedântistischen und mîmâṃsistischen Teile unursprünglich seien. Also nicht infolge eines plötzlichen Einfalls, sondern auf Grund langsam herangereifter Überzeugung habe ich es gewagt, den Gedanken einer Ausscheidung der genannten Bestandteile praktisch auszuführen. Dabei ergab sich mir, daß durch diese Ausscheidung nirgends eine wirkliche Lücke in der Bhag. entsteht, vielmehr an verschiedenen Stellen

geben wird", könnte den Anschein erwecken, als ob hier eine Billigung des in der Mîmâṃsâ vorgeschriebenen Opfers ausgesprochen wäre. Dem widerspricht aber die Beschreibung des sattvaartigen Opfers in v. 11, „das von solchen dargebracht wird, die keinen Lohn dafür begehren". Der Verfasser zieht in diesen Versen die ihm aus dem Kulturleben seines Volkes bekannten Arten des Opfers in Betracht, um sie in dem Schema von Sattva, Rajas und Tamas unterzubringen, ohne aber damit das vedische Opfer und die Lehren der Mîmâṃsâ zu empfehlen. Das Gleiche gilt von der Verehrung der Brahmanen in v. 14 und von der Übung des Vedahersagens in v. 15. In XVIII. 5, 6 werden Opfer, Spenden und Askese als Läuterungsmittel für die Weisen anerkannt; aber auch dort wird betont, daß man sie nicht um des Erfolges willen vollziehen dürfe (also im Gegensatz zur Mîmâṃsâ).

[1]) Râjendralâla Mitra, Catalogue of .... Bikâner 201, No. 436.

der unterbrochene Zusammenhang wieder hergestellt wird; so ganz deutlich durch Beseitigung der Stellen III. 9—18, VI. 27—32, VII. 7—11, VIII. 20—IX. 6 [1]). Eine bessere Bestätigung meiner Theorie glaube ich nicht erwarten zu können.

Wenn ich noch eine Einzelheit zugunsten meiner Auffassung anführen darf, so ist es der Gebrauch des Wortes *mâyâ*, das in der Gîtâ sechsmal vorkommt. An den Stellen, die meines Erachtens alt sind, weil in ihnen vom *îśvara*, gehandelt wird (IV. 6, XVIII. 61), hat *mâyâ* die alte Bedeutung „Wunderkraft", sonst (VII. 14 zweimal, 15, 25) die technische Bedeutnng des Vedânta „Weltenschein, kosmische Illusion". Abgesehen von diesem Worte, das für die religionsphilosophische Entwicklung Indiens von so hoher Bedeutung ist, will ich nicht versuchen, durch sprachliche Untersuchungen meine Theorie zu stützen; und ich lege ebenso Verwahrung gegen den etwaigen Versuch ein, sie durch sprachliche, stilistische oder metrische Gründe zu Fall zu bringen. Denn die Überarbeitung der Gîtâ ist natürlich nicht so mechanisch vorgenommen worden, daß die vedântistisch-ritualistischen Stücke da, wo sich gerade ein Anlaß bot, unter sorgfältiger Bewahrung des alten Bestandes eingeschoben worden wären. Vielmehr ist anzunehmen, daß auch die Umgebung der Interpolationen, vielleicht der größte Teil des Gedichts neu gestaltet worden ist. Aber eine so durchgreifende Verändernng ihres Charakters hat die alte Bhag. dabei doch nicht erfahren, daß nicht noch die eingefügten Stellen zum großen Teil als solche in der neuen Fassung kenntlich wären. Da sich die Interpolationen auf die 18 Gesänge sehr ungleich verteilen, liegt die Annahme nahe, daß die ursprüngliche Gîtâ aus einer kleineren Zahl von Gesängen bestanden habe. Die Einteilung in 18 Adhyâyas ist vermutlich der Einteilung des Mbh. in

---

[1]) S. das Nähere darüber in dem Anhang „Über die der Bhagavadgîtâ ursprünglich nicht angehörigen Stellen".

18 Parvans nachgebildet worden; vielleicht waren damals auch schon die 18 Purâṇas bekannt.

Die von mir ausgeschiedenen Stücke haben, wie gesagt, in der Hauptsache vedântistischen und mîmâṃsistischen Inhalt; einige Stellen sind auch aus anderen kritischen Gründen beseitigt worden, worüber der Anhang Rechenschaft gibt. Von den 700 Versen der Bhag. fallen auf diese Weise 170 fort; wenn man die 24 Verse am Anfang und Schluß in Abzug bringt, die so wie so nicht zu der eigentlichen Gîtâ gehören, sind es 146 oder mehr als ein Fünftel des Ganzen.

Ich hege nicht den Wahn, daß es mir gelungen sei, auf dem eingeschlagenen Wege alle unechten Teile der Bhag. auszuschalten. Es werden bei der Überarbeitung noch manche Verse sonst hinzugefügt worden sein, von denen kein Wort in dem ursprünglichen Gedicht gestanden hat; sie als unecht zu erkennen aber fehlen die Handhaben, und auf bloße Vermutungen möchte ich mich nicht einlassen. W. von Humboldt's Ausführungen auf S. 46 seiner Abhandlung lassen erkennen, daß dieser große Denker geneigt war, die echte Bhag. mit Gesang XI schließen zu lassen. Hopkins, Great Epic 225, nennt die Verse Mbh. VI. 830—1382, d. h. genau die 14 ersten Adhyâyas unseres Gedichts, „the heart of the Gîtâ“ [1])

M. Winternitz, der die ursprüngliche Bhag. für das Werk eines wahren und großen Dichters erklärt, bemerkt (WZKM. 1907, 196; Gesch. d. ind. Litt. I. 373) zur Verstärkung meiner Beweisführung, daß unter den 170 von mir wegen ihres vedântistischen oder orthodox-brahmanischen Charakters als unecht ausgeschiedenen Versen höchstens etwa 10 oder 12 genannt werden können, die irgendwelche poetischen Schönheiten aufweisen. Ich selbst hatte in der ersten Auflage meiner Bhagavadgîtâ diese

[1]) Wenn aber Hopkins S. 234 sagt, daß the heart of the poem differs in style from its beginning and ending, so rechnet er doch an dieser Stelle den Anfang der Gîtâ nicht zu dem „heart“. Wie stimmt das zu der obigen Bemerkung?

ästhetische Erwägung nicht angestellt, überzeugte mich aber nach dem Hinweis von Winternitz davon, daß die von mir rekonstruierte Bhag. an poetischer Schönheit und Geschlossenheit den uns überlieferten Text erheblich übertrifft. Winternitz geht jedoch noch weiter, als ich es getan hatte, wenn er (WZKM. 1907, 197) sagt: „Ich möchte glauben, daß von den letzten Gesängen der Bhagavadgîtâ nur die zwölf Verse XVIII. 55—66 echt und alt sind, und daß diese höchst wahrscheinlich den Abschluß des Gedichtes bildeten ..... Ich glaube also nicht bloß, daß Garbe vollkommen Recht hat, wenn er jene 170 Verse ausscheidet, welche vedisch-brahmanische und pantheistische Lehren enthalten, sondern ich möchte vermuten, daß wir mindestens noch 200 Verse ausscheiden müssen, so daß die alte und echte Bhagavadgîtâ um mehr als die Hälfte kleiner war, als sie uns jetzt vorliegt." In meinem Buche „Indien und das Christentum" (1914) 232, Anm. habe ich schon die Möglichkeit zugegeben, daß diese von Winternitz im Anschluß an W. von Humboldt geäußerte Anschauung das Richtige trifft. Aber mit Bestimmtheit möchte ich doch nicht annehmen, was auch Winternitz nur als Vermutung ausgesprochen und in seiner Gesch. d. ind. Litt. nicht wiederholt hat. Ich gebe unbedingt zu, daß die letzten 7 Gesänge erheblich gegen die vorangehenden abfallen; darum aber wage ich doch nicht, sie so ziemlich in Bausch und Bogen für spätere Zutat zu erklären und ihre Übersetzung in kleinerer Schrift zu geben. Könnte nicht, wie es so manchmal geht, die Kraft des Dichters gegen das Ende hin erlahmt sein? Und dann bin ich hier einmal in der erwünschten Lage, Deußen beistimmen zu können, der am Schluß der Einleitung zu seiner Übersetzung der Bhag. die Nüchternheit der letzten Gesänge und ihren Kontrast gegen die ethische Tiefe und die schwungvollen Betrachtungen der vorangehenden völkerpsychologisch durch die nationalen Neigungen der Inder erklärt: „Sind doch für uns auch im Ajax des Sophokles der auf den Tod des Helden folgende gerichtliche

Streit um seine Leiche, oder im Phaedrus des Platon die an die wundervolle Rede des Sokrates sich anschließende weitläufige Diskussion über die Berechtigung der Beredsamkeit wenig ansprechende Zugaben, während der Grieche sie ohne Zweifel mit großem Interesse verfolgte. Ebenso sind die systematisierenden Aufzählungen im letzten Teile der Bhagavadgîtâ aus der Neigung des indischen Geistes zu doktrinären Erörterungen zu begreifen." Für die Echtheit der letzten Gesänge spricht auch, daß einige Hauptlehren der Gîtâ erst durch Stellen in Adhy. XVIII (v. 55, 66) [1]) in das rechte Licht gerückt werden. Auch der Vers XVI. 8, der sich gegen die Grundanschauungen des Vedânta wendet, gehört in den Gedankenkreis der ursprünglichen Bhagavadgîtâ.

Meine Übersetzung der Bhag. soll dem Leser in bequemer Weise die Möglichkeit bieten, über die meiner Ansicht nach unechten Stellen hinwegzugehen und so eine annähernde Vorstellung von der ursprünglichen Gestalt des Gedichts zu gewinnen. Mein Rekonstruktionsversuch beseitigt jedenfalls die hauptsächlichsten Widersprüche, die das ganze Gedicht in seiner überlieferten Form, Unklarheit und Verschwommenheit erzeugend, durchziehen; er bietet eine Gîtâ, deren religiöser Charakter rein theistisch ist und deren philosophischer lediglich durch die Lehren des Sâṃkhya-Yoga bestimmt ist.

II. DIE HERKUNFT DER LEHREN DER BHAGAVADGÎTÂ.

Zur richtigen Beurteilung des Inhalts der Bhag. ist es notwendig, daß wir uns seine Vorgeschichte vergegenwärtigen, soweit wir sie aus den vorhandenen Anzeichen mit Wahrscheinlichkeit erschließen können. Wir ge-

---

[1]) Gerade die Verse XVIII. 55—66, aber nur diese, wie wir oben gesehen haben, hält Winternitz aus anderen Gründen für echt und alt.

brauchen zu dem Zwecke nur einen Teil des ungeheuren Materials über Kṛṣṇa und den Kṛṣṇa-Kult; aber auch dieser Teil ist verwickelt und fügt sich nicht ganz leicht dem Bestreben, eine klare, einheitliche Auffassung von der Entwicklung des Kṛṣṇaismus zu gewinnen. Es liegt bei diesem Bestreben die Gefahr nahe, den Quellenangaben sachlich und chronologisch Gewalt anzutun. Ob es mir gelungen ist dieser Gefahr zu entgehen, mögen Andere entscheiden; ich kann nur sagen, daß ich sie mir beständig vor Augen gehalten habe.

In der Epoche, in der die Kṣatriyas einen hervorragenden Anteil an der Neugestaltung des geistigen Lebens in Altindien nahmen — nach meiner Ansicht hatten sie dabei die Führung [1]) — wurde von dem streitbaren Krieger Kṛṣṇa, dem Sohne des Vasudeva und der Devakî, eine monotheistische Religion gegründet, die sich zuerst unter seinen Stammesgenossen, den Yâdavas, Sâtvatas oder Vṛṣṇis, und dann über die Grenzen der Stammesgemeinschaft verbreitete. Diese Auffassung ist von R. G. Bhandarkar bei Gelegenheit der Darstellung des Râmânuja-Systems und seiner Vorläufer (Report on the search for Sanskrit Manuscripts in the Bombay Presidency during the year 1883—84, Bombay 1887, S. 74) [2]) nur erst vermutungsweise vorgetragen worden; aber sie läßt sich gut begründen. Es kommen hier hauptsächlich folgende drei Zeugnisse in Betracht, die sich gegenseitig ergänzen und stützen. Erstens: Kṛṣṇa

[1]) S. meine „Beiträge zur indischen Kulturgeschichte" (Berlin 1903) Aufsatz I. Vgl. auch Winternitz, Gesch. d. ind. Lit. I. 198 fg.

[2]) Ebenso in den Verhandlungen des Wiener Orientalisten-Kongresses (1888) unter dem Titel „The Râmânujîya and the Bhâgavata or Pâncharâtra systems" (Arische Sektion, 101 fg., besonders 107 fg.); jetzt ausführlicher im Grundriß der indo-arischen Philologie und Altertumskunde, Band III, Heft 6, S. 8 fg. Auch Bühler glaubte an das hohe Alter der Bhâgavata-Religion. Im Ind. Antiquary 1894, 248 hat er diese seine Anschauungen nur kurz angedeutet und ihre ausführliche Erörterung für seine leider nicht mehr erschienenen Indian Studies No. IV angekündigt. Vgl. auch Grierson JRAS. 1908, 603 fg., Garbe, Indien und das Christentum, 209 fg.

Devakîputra wird bekanntlich schon in der Chând. Up. III. 17. 6 als Schüler des Angirasiden Ghora erwähnt — in sehr beachtenswerter Weise im Zusammenhang mit Lehren, die einen ausgesprochen ethischen Charakter tragen [1]). Zweitens ist die Rolle zu nennen, die Kṛṣṇa, der berühmte Held aus dem Yâdava-Geschlecht und der Bundesgenosse der Pâṇḍavas, in den älteren Teilen des Mbh. spielt, als Krieger, Berater und Verkündiger religiöser Lehren. Schon das PW. II. 413 spricht von der „natürlichen Verbindung" des im Mbh. verherrlichten Helden mit dem in der Chând. Up. erwähnten Lehrer Kṛṣṇa, die man nicht ohne Not zerreißen solle. Drittens gehört hierzu die Tatsache, daß Kṛṣṇa's Patronymikon Vâsudeva (in weiterem Umfang und früher als der Personenname) als Bezeichnung Gottes auftritt, und zunächst besonders bei dem Volksstamm, dem Kṛṣṇa nach dem Epos angehört [2]). Dieser Umstand ist deshalb von hervorragender Bedeutung, weil die Vergöttlichung von Sektenstiftern in Indien gang und gäbe ist, und zwar nicht erst, wie Barth, Religions de l'Inde 137, will, im Neubrahmanismus seit dem Ausgang des 12. Jahrhunderts nach Chr.

Hält man diese Zeugnisse zusammen, so wird uns, dächte ich, deutlich genug der Weg gewiesen zum Verständnis dessen, was einstmals Kṛṣṇa Vâsudeva in Wirklichkeit gewesen ist. Aus dem Wuste der Sagen, Legenden und Mythen, von denen die Gestalt Kṛṣṇa's überwuchert ist, schält sich als Kern heraus ein siegreicher Held, der zugleich ein erfolgreicher Religionsstifter war.

Die Widersprüche, die der Charakter Kṛṣṇa's im Mbh. aufweist, haben Ad. Holtzmann zu der Ansicht veranlaßt, daß zwei verschiedene Personen in dem Kṛṣṇa des Epos verschmolzen seien. Aber diese Auskunft ist längst als unnötig erkannt worden. Denn die Widersprüche erklären

---

[1]) Chând. Up. III. 17. 4: Askese, Freigebigkeit, Rechtschaffenheit, Niemand Leides tun und die Wahrheit reden.

[2]) R. G. Bhandarkar a. a. O. 73.

sich vollkommen befriedigend durch die Umarbeitung des alten Kuru-Epos, dem Kṛṣṇa als Gegner der Kurus ein Mann voll Tücke und Hinterlist war, in das vorliegende Pâṇḍava-Epos, das Kṛṣṇa als Freund und Helfer seiner Helden verherrlicht[1]).

Auch Weber nahm aus mythologischen Gründen an, daß in dem Kṛṣṇa des Epos und der Hindu-Religion verschiedene Träger dieses Namens — eine menschliche und eine oder mehrere (?) mythische Persönlichkeiten — zusammengeflossen seien (Zur indischen Religionsgeschichte, eine kursorische Übersicht, Stuttgart 1899, S. 28, 29). Aber die Art, in der Weber „irgendwelche mythischen Grundlagen" vermutet und mit verschiedenen Möglichkeiten der Auffassung operiert, gewährt keinen rechten Einblick in den Gedankengang, durch den er zu seiner Überzeugung gelangt war, und bietet keine Handhaben zu einer kritischen Auseinandersetzung mit seinem Standpunkt.

Noch weniger überzeugend ist für mich die phantasievolle, von Senart und Barth vertretene Auffassung Kṛṣṇa's als einer ursprünglich rein mythischen Gestalt. Senart hat in seinem Essai sur la légende de Buddha in Kṛṣṇa ebenso wie in Buddha einen Sonnenheros gesehen, eine populäre Form des Agni atmosphérique, und A. Barth, Religions de l'Inde 100, 103, teilt seine Auffassung. An letzterer Stelle sagt Barth: „Considéré dans ses origines naturalistes, Krishna est une figure complexe, en laquelle sont venus se fondre des mythes du feu, de l'éclair, de l'orage et, en dépit de son nom (Krishna signifie le Noir), du ciel et du soleil", und weiter unten stellt er die Behauptung auf, daß sich hinter den Eltern Kṛṣṇa's Vasudeva und Devakî „le vieux couple du mâle céleste et de l'Apsaras" verberge. So hat auch Weber, der doch sonst die gesunde Anschauung der allmählichen Erhebung Kṛṣṇa's vom Menschen zur Gottheit vertrat, mehrfach den rein menschlichen Nachrichten über Kṛṣṇa eine mythische

---

[1]) L. v. Schroeder, Indiens Literatur und Kultur 480.

Deutung gegeben. Ind. Stud. I. 432, XIII. 353 Anm. 2 faßt er Vâsudeva als „Indra-Sohn", und Ind. Streifen III. 428 sagt er: „Die nahe Verwandtschaft .... der Legende von Kṛishṇa mit den vedischen Anschauungen von dem Blitzgott Indra, der ja auch govid, wie jener govinda heißt, war schon bisher [vor Senart] durch die gemeinschaftliche Beziehung beider zu Arjuna gesichert", d. h. weil Arjuna wie so mancher andere indische Sagenheld zu einem Sohn Indra's gemacht worden ist (was in diesem Falle um so näher lag, da Arjuna als ein Name des Indra aus dem Veda bekannt war) [1]).

Die schlagende Widerlegung, die Oldenberg der solaren Theorie Senart's mit Bezug auf Buddha hat zuteil werden lassen, kann zwar nicht in derselben Weise auf Kṛṣṇa angewendet werden, weil hier ältere Quellen von so durchsichtiger Klarheit fehlen, wie sie in den alten Pâli-Texten für Buddha's Leben erhalten sind; aber die Analogie ist nichtsdestoweniger sehr lehrreich. Wenn die solare Auffassung Buddha's sich als ein Irrtum erwiesen hat — selbst Senart hat sich ja genötigt gesehen, in der zweiten Auflage seines Essai der historischen Auffassung erhebliche Zugeständnisse zu machen —, so kann bei der Ähnlichkeit der Sachlage die solare Theorie im Falle Kṛṣṇa's nicht gut zu Recht bestehen. In den Kṛṣṇa-Mythen dürfen wir nicht die „Grundlagen" sehen, auf denen sich die Vorstellungen von der Person Kṛṣṇa's aufgebaut haben, sondern gangbare mythologische Ideen, die auf Kṛṣṇa übertragen worden sind, nachdem er zu göttlichem

[1]) Ebenso findet es Weber, Ind. Stud. XIII. 355 Anm. 5, höchst rätselhaft, wie Kṛṣṇa zu den Namen Keśava und Govinda gekommen sein mag. Wer in Kṛṣṇa einen Menschen sieht, für den gibt es nichts, das weniger rätselhaft wäre als dies. Das Epitheton Keśava zeigt, daß Kṛṣṇa langes wallendes Haar getragen hat oder mit solcher Haartracht vorgestellt wurde (so schon der Jâtaka-Kommentar bei Lüders, ZDMG. 58, 690), und Govinda „Herdenerbeuter" bezeichnet einfach den Sieger im Kampf. Daß kein genügender Grund für die Annahme vorliegt, der Beiname Govinda sei eine prakritische Form für Gopendra „Fürst der Hirten", ist schon im PW. gesagt.

Range erhoben war. Auf diesem Standpunkt verschwinden alle Unklarheiten, die der solaren oder atmosphärischen Theorie über Kṛṣṇa's Ursprung anhaften, und auf ihm erscheint auch der Umstand nicht wunderbar, daß die Mehrzahl der Kṛṣṇa-Mythen mit vielen einzelnen Zügen in der apokryphen Buddha-Biographie wiederkehrt.

Jede unbefangene historische Betrachtung unsrer Quellen zeigt uns Kṛṣṇa in der ältesten Zeit als Menschen und später — in fortschreitender Entwicklung — als Halbgott, Gott und Allwesen [1]). Wenn in der Mythologie des Hinduismus Kṛṣṇa als Mensch gewordener Gott, als Inkarnation Viṣṇu's auftritt, so liegt dort die Umkehrung der wirklichen Verhältnisse vor, wie sie auch sonst gerade bei Verwandlungsmythen zu beobachten ist. In Wahrheit ist in unserm Fall der Euhemerismus berechtigt. Auch in der Entwicklungsgeschichte des Râmâyaṇa zeigt sich „die Umwandlung des Râma vom Menschen zum Halbgott und schließlich zum menschgewordenen Allgott Viṣṇu." Winternitz, Gesch. d. ind. Litt. I. 427.

Kṛṣṇa ist also ebenso wie Buddha ein wirklicher Mensch gewesen, und auch seine Eltern Vasudeva und Devakî waren keine mythischen oder allegorischen Gestalten, sondern Menschen wie er. Naturgemäß hat man die Frage aufgeworfen, auf welchen Ursachen die Vergöttlichung Kṛṣṇa's beruhe. Die Einen (Weber, Ind. Lit. Gesch.²

[1]) Hopkins, Religions of India 465, sagt, daß der Gott-Mensch des Mbh. „must be the same with the character mentioned in the Chândogya Upanishad, 3. 17. 6." Aber S. 466 unten schlägt Hopkins einen andern Weg der Erklärung ein: „It cannot be imagined, however, that the cult of the Gangetic Krishna originated with that vague personage whose pupilage is described in the Upanishad", und auf den beiden nächstfolgenden Seiten erklärt er Kṛṣṇa für einen anthropomorphierten Gott. Weitere Inkonsequenzen, die sich Hopkins in der Beurteilung von Kṛṣṇa hat zu Schulden kommen lassen, habe ich „Indien und das Christentum" 210, Anm. aufgedeckt. In Fausböll's Indian Mythology according to the Mahābhārata in outline, London 1903, S. 121 ist merkwürdiger Weise Kṛṣṇa unter Verweisung auf den Harivaṃśa, das Bhâgavata Purâṇa und andere spätere Werke übergangen worden.

78 Anm. 68, Ind. Stud. XIII. 349 Anm., Holtzmann, Arjuna 61) erklären das für ein Rätsel; von andrer Seite sind die Verdienste Kṛṣṇa's um den Sieg der Pâṇḍavas in diesem Sinne genannt worden. L. v. Schroeder, Indiens Literatur und Cultur 332, findet es billig und natürlich, „daß diese neuen Herrscher von Madhyadeça die Verehrung des nationalen Heros ihrer Verbündeten gern zu fördern und zu verbreiten bereit waren, gern den Nimbus des Helden, welcher nun auch ihr Held geworden war, noch zu erhöhen sich bestrebten", und S. 333 sagt er (im Anschluß an Lassen, I. A. K. I^2 821): „Die Pâṇḍava, die Helden des Mahâbhârata, erscheinen als Beförderer des Kṛishṇa-Dienstes". Dem gegenüber ist zu bemerken, daß die Vergöttlichung Kṛṣṇa's erst in einer Zeit vorgenommen worden ist, in der die Hilfe, die einstmals die Yâdavas den Besiegern des Kuru-Geschlechts geleistet hatten, längst kein aktuelles Interesse mehr besaß. Am natürlichsten erklärt sich (wie schon oben S. 28 angedeutet wurde) wegen der zahlreichen Analogien, die uns die indische Religionsgeschichte von Buddha an bis in die neueste Zeit bietet, die Vergöttlichung Kṛṣṇa's daraus, daß er die monotheistische Religion seines Stammes begründet hat.

Über das ursprüngliche Wesen dieser Religion läßt sich nur sagen, daß sie populär, von der vedischen Überlieferung und vom Brahmanentum unabhängig war, und daß sie wahrscheinlich von Anfang an die moralische Seite betonte, die in der brahmanischen Religion und Philosophie zu kurz gekommen ist. Man vergleiche oben S. 28 Anm. 1 und denke an die Rolle, welche die Pflicht in der Bhagavadgîtâ spielt. Auch andere Stellen des Mbh. ließen sich zum Beweise dafür anführen, daß der Kṛṣṇaismus von Haus aus eine ethische Kṣatriya-Religion gewesen ist, z. B. Mbh. VI. 3044, 3045 (Calc. ed.): *râjarṣîṇâm udârâṇâm âhaveṣv anivartinâm | sarva-dharma-pradhânânâṃ tvaṃ gatir, Madhusûdana* || „Du, o Madhu-Tödter, bist die Zuflucht der edlen königlichen Weisen, die in den Schlachten nicht weichen und sich der Erfüllung aller Pflichten befleißigen.“ Für den Ursprung der Bhâgavata-Religion in Kṣatriya-Kreisen läßt sich auch der Anfang des vierten Gesanges der Bhag. ins Feld führen; denn dort sagt Kṛṣṇa, er habe das Geheimnis der Yogalehre (der hauptsächlichen philosophischen Grundlage seiner Religion) in der Vorzeit dem Vivasvat (= Sûrya, dem Sonnengott, dem Ursprung der Kriegerkaste, *sarva-kṣatriya-vaṃśa-bîja-bhûtâyâ 'dityâya*, nach Madhusûdana) mitgeteilt, durch den es an Manu, Ikṣvâku und die alten Weisen des Kiegerstandes (*râjarṣi*) gelangt sei [1]).

Gott wurde in Kṛṣṇa's Religion mit dem in Indien seit alters her von göttlichen und heiligen Wesen gebrauchten Worte Bhagavat „der Erhabene“ benannt; daneben kamen mit der Zeit andere Bezeichnungen in Gebrauch: Nârâyaṇa, Puruṣottama, sowie das Patronymikon und der Personenname des Stifters. Als älteste Namen der Sekte sind zu belegen Bhâgavata und Sâtvata; letzterer ist von dem Volksstamm Kṛṣṇa's hergenommen. In der Literatur finden sich diese Bezeichnungen erst im 12. Buch des Mbh.; aber inschriftlich ist der Name Bhâgavata schon aus dem Anfang des 2. Jhdts. vor Chr. belegt, und es ist von besonderem Interesse, daß sich sogar ein Grieche Heliodora zur Bhâgavata-Religion bekennt (Bhandarkar, Grundriß III. 6, S. 3, 4). Jünger als die Bezeichnungen Bhâgavata und Sâtvata ist der Name Pâñcarâtra, der gelegentlich eine besondere Abteilung der Sekte bezeichnet, aber im allgemeinen als gleichbedeutend mit Bhâgavata gebraucht wird, mit welchem Namen ich in der Folge kurzweg die Anhänger der Kṛṣṇa-Religion benennen werde, da ich ihn für den ursprünglichen halte.

Fragt man nach der Zeit, in der Kṛṣṇa gelebt und

---

[1]) „Bemerkenswert ist, daß hier nicht Priester, sondern Könige als die alten Bewahrer der Bhagavadgîtâ genannt werden“, Holtzmann, Das Mahâbhârata und seine Teile II. 157. Richtiger würde wohl gesagt: als die alten Bewahrer der in der Bhag. vertretenen Yoga-Lehre.

seine Religion gestiftet hat, so dürfte er schon nach Chând. Up. III. 17. 6 ein paar Jahrhunderte vor Buddha zu setzen sein; und wenn, wie ich glaube, in Kṛṣṇa's Teilnahme an dem Kampf der Pâṇḍavas mit den Kauravas ein historischer Kern steckt, so würde er noch etwas höher hinaufgerückt werden müssen. Bühler datierte (Ind. Ant. 1894, 248) die Bhâgavata-Religion und die Kṛṣṇa-Verehrung „from a period long anterior to the rise of the Jainas in the eighth century B. C." Die indische Mythologie verlegt die Verkörperung Viṣṇu's als Kṛṣṇa in die Zwischenzeit zwischen dem Dvâpara- und Kali-Alter, d. h. vor den Beginn des jetzigen Weltalters. Schon im sechsten Jahrhundert vor Chr. muß der Kṛṣṇa-Kult in voller Blüte gestanden haben, weil die Ruinen des Tempels, die A. Führer bei Rummindeï an der südöstlichen Grenze von Nepal im Dezember 1896 entdeckt hat, erkennen lassen, daß die Vorfahren Buddha's u. a. dort auch die Rukmiṇî, die Lieblingsgattin Kṛṣṇa's, verehrt haben.

Literarisch bezeugt ist freilich die Existenz der von Kṛṣṇa gestifteten Sekte erst für das 4. Jahrhundert vor Chr., und zwar durch Pâṇini IV. 3. 98, wo die Bildung des Wortes Vâsudevaka „Verehrer des Vâsudeva" gelehrt wird. Die im Mahâbhâṣya an zweiter Stelle gegebene Erklärung (*athavâ nai 'ṣâ kṣatriyâkhyâ, saṃjñai 'ṣâ tatrabhagavataḥ*) [1] trifft offenbar das Richtige [2]. Vâsudeva

[1]) Kielhorn schreibt in seiner Ausgabe *tatra-bhavataḥ* und sucht das zu rechtfertigen JRAS. 1908, 502, 503. S. dazu A. Berriedale Keith, ebendas. 847, 848; R. G. Bhandarkar, ebendas. 1910, 168—170; Grierson, ebendas. 1909, 1122, wo endgiltig die Ansicht Kielhorn's widerlegt ist, daß Vâsudeva an dieser Stelle nicht Gottesname, sondern Name einer menschlichen Person sei.

[2]) Vgl. Weber, Ind. Stud. XIII. 348 fg. Weber sieht in den Angaben des Mahâbhâṣya über die Verehrung des Vâsudeva weniger als Telang, gegen den er polemisiert und der mit Recht Vâsudeva an der angeführten Stelle für „a name of the supreme being" erklärt. Gegen die Auffassung Telang's, daß das Mahâbhâṣya die Verehrung Kṛṣṇa's als des höchsten Wesens bezeuge, macht Weber S. 353 geltend, daß sich zahlreiche andere Stellen des Ma-

ist in der Pâṇini-Stelle nicht Bezeichnung des Kṣatriya Kṛṣṇa, sondern des höchsten Wesens. Hiergegen darf man nicht ins Feld führen, daß dort neben Vâsudevaka Arjunaka „Verehrer des Arjuna“ steht; denn Pâṇini hat, als er diese beiden Bildungen im engsten Zusammenhang nannte, nicht an den Freund und Kampfgenossen des menschlichen Kṛṣṇa gedacht, sondern Arjuna in der Eigenschaft aufgefaßt, in der dieser in der Bhagavadgîtâ (von der Einleitung abgesehen) auftritt und in der er schon zu Pâṇini's Zeit allgemein bekannt gewesen sein muß, d. h. als den Jünger, dem von dem höchsten Wesen die religiöse Wahrheit offenbart worden war, und der demzufolge als ihr Verkündiger und Verbreiter gelten mußte. Die Art der Verehrung, die durch die beiden Ableitungen Vâsudevaka und Arjunaka zum Ausdruck gebracht werden soll, ist eine verschiedene gewesen; aber im Grunde bedeuten beide Worte das gleiche, nämlich „Anhänger der Bhâgavata-Religion“, und deshalb sind sie auch von Pâṇini in einem Atem genannt worden [1]).

Ich habe oben die Theorie von dem mythischen Ursprung Kṛṣṇa's entschieden bekämpft. Als ich sie zuerst

---

hâbhâṣya auf Kṛṣṇa Vâsudeva als Helden und Halbgott beziehen. An diesen Stellen aber hat Patañjali einfach das Material aus den epischen Sagen benutzt. Wenn der berühmte Kommentator die ihm bekannten Sagen, in denen Kṛṣṇa als halbgöttlicher Held auftritt, zur Bildung grammatischer Beispiele heranzieht, so spricht doch das nicht dagegen, daß Patañjali an anderen Stellen auf die zu seiner Zeit im Volk durchgedrungene Verehrung Vâsudeva's als höchsten Gottes hinweist. Vgl. zu der Frage auch R. G. Bhandarkar, Ind. Ant. 1874, 16.

1) Eine ganz andere Auffassung unserer Pâṇini-Stelle hat Hopkins, Great Epic 395 Anm. 2 geäußert: The whole „evidence“ at its most evincing is that Pâṇini knew a Mahâbhârata in which the heroes [Kṛṣṇa und Arjuna] were objects of such worship as is accorded to most Hindu heroes after death. Hätte Pâṇini wirklich nur an eine solche Verehrung gedacht, so wäre es doch höchst verwunderlich, daß er gerade diese beiden Namen ausgewählt hat, die religionsgeschichtlich von so hoher Bedeutung sind und in dieser Hinsicht zusammengehören.

auf ihre Wahrscheinlichkeit prüfte, bin ich gerade wegen des Namens Arjuna eine Zeitlang zweifelhaft gewesen, ob sie nicht doch das Richtige träfe. Denn die beiden Namen Kṛṣṇa und Arjuna, Schwarz und Weiß, machen unwillkürlich einen allegorischen oder naturalistischen Eindruck. Haben sie doch auch Weber (Zur indischen Religionsgeschichte 28, 29) in gleicher Weise zu denken gegeben. Aber solche auf der Etymologie von Namen beruhenden Eindrücke haben schon gar zu oft in die Irre geführt und allegorische Deutungen oder andere tiefsinnige Erklärungen veranlaßt, wo die einfachste und natürlichste Auffassung geboten war. Ich erinnere nur an Mâyâ, die Mutter des Buddha. Die Namen Kṛṣṇa und Arjuna sind auch sonst in Indien vorgekommen, Kṛṣṇa schon als Name eines Sängers im Rigveda. Wenn nun zwei Personen mit diesen Namen in enger Beziehung zueinander auftreten, so ist das zwar auffallend; aber wir haben doch nicht nötig, deshalb in ihnen Verkörperungen von Tag und Nacht oder dgl. zu sehen, sondern es bieten sich zur Erklärung zwei ganz einfache Möglichkeiten. Entweder ist Arjuna's Gestalt als Seitenstück zu Kṛṣṇa frei erfunden worden, als dieser schon von der Sage umwoben war; in solchen Fällen liebt das Volk einen Parallelismus der Namen, und speziell in diesem Fall hätte der Name Arjuna eine doppelte Berechtigung für den Helden, in dem das Geschlecht der Pâṇḍavas, d. h. der Söhne des Weiß, gewissermaßen individualisiert war [1]). Oder: es hat wirklich unter den

[1]) Lassen sieht nicht nur in Arjuna, sondern auch in Kṛṣṇa die Personifizierung eines Volkes und faßt die beiden Helden als Repräsentanten zweier durch hellere und dunklere Hautfarbe unterschiedener arischer Völkerschaften auf. S. I. A. K. I² 789 fg., besonders 791: „Es muß .... die Unterscheidung nach der Farbe einen Sinn haben, und dieser wird nur der sein können, daß die Pâncâla wie die Yâdava, die durch Krishṇa vertreten werden, beide zu den früher eingewanderten Arischen Völkern gehörten, durch den Einfluß des Klimas dunkelfarbiger geworden waren, als die jüngsten Einwanderer aus dem Norden, und im Gegensatze zu diesen die schwarzen genannt worden sind.“ Wie stimmt es aber dazu, daß

Pâṇḍavas einen Freund und Anhänger Kṛṣṇa's mit Namen Arjuna gegeben. Wenn man sich für diese Seite der Alternative entscheidet, so könnte man vermuten, daß Arjuna ursprünglich ein Beiname, bzw. die Kurzform eines Beinamens gewesen sei, der von dem Schimmelpaar unseres Helden herstammt; führt doch Arjuna im Mbh. die Beinamen Śvetavâha, Śvetavâhana, Śvetâśva, Sitâśva. Auch in diesem Falle würde bei der Entstehung des Namens Arjuna der Gegensatz von Kṛṣṇa mitgewirkt haben. Kaum denkbar ist, daß Arjuna von Haus aus ein wirklicher Personenname gewesen ist. Zwar sind Farbenbezeichnungen als Eigennamen gerade in Indien seit alter Zeit außerordentlich üblich; ich nenne außer Kṛṣṇa, Arjuna und Pâṇḍu noch Asita, Kapila, Citra, Nîla, Râma, Rohita, Lohita, Virûpa, Śukla, Śyâma, Śyâmaka, Śyâva, Śyâvaka, Śveta, Hari, Harita. Wenn sich auch aus dieser gewiß noch zu vergrößernden Liste ergibt, daß jede einzelne Farbe in Indien als Personenname verwendet worden ist, so kann ich mich doch nicht zu der Annahme entschließen, daß der Freund und Schüler Kṛṣṇa's als Kind den Namen Arjuna erhalten habe. Denn das Spiel des Zufalls, das zwei Männer namens Schwarz und Weiß zueinander geführt, wäre zu merkwürdig und unwahrscheinlich; im Falle von Schwarz und Rot oder Schwarz und Blau würde die Wahrscheinlichkeit viel größer sein.

Die Entwicklung der Bhâgavata-Religion, die nach der früher geläufigen Anschauung erst im indischen Mittelalter, in Wirklichkeit aber viel früher anhebt, ging nach zwei Seiten hin vor sich, in spekulativer Richtung und in der Verinnerlichung des religiösen Gefühls.

Die echt indische Neigung, Religion und Philosophie zu verschmelzen, und besonders der starke spekulative Zug der Kṣatriya-Kaste bewirkten, daß der Bhâgavata-Religion eine philosophische Grundlage gegeben wurde, als das In-

---

gerade Arjuna im Mbh. mehrfach als dunkelfarbig bezeichnet wird? Vgl. Hopkins, Great Epic 383.

teresse an philosophischen Fragen breitere Volksschichten in Altindien ergriffen hatte. Man benutzte dazu die beiden ältesten Systeme, die Indien hervorgebracht hat, Sâṃkhya und Yoga [1]). Der brahmanische Pantheismus oder Brahmaismus, die Lehre vom Brahman oder All-Einen, die in dem sogenannten Mittelland (*madhyadeśa*, der Gegend um und nördlich von Delhi), in dem Stammland der brahmanischen Kultur und Machtentfaltung entsprungen war, paßte schlecht zu dem populären Monotheismus der Bhâgavatas. Deshalb richteten diese ihren Blick auf die beiden philosophischen Systeme, die „in der freieren Atmosphäre des weniger brahmanisierten Auslands" — um den bequemen Ausdruck Griersons zu gebrauchen — entstanden waren, auf Sâṃkhya und Yoga. Von diesen erwies sich das reine, atheistische und der Ethik gleichgiltig gegenüberstehende Sâṃkhya für ihre Zwecke nicht ausreichend; denn dieses System konnten die Bhâgavatas nur bei der Ausbildung der Lehre von der Materie und deren Verhältnis zum Geist gebrauchen. Da die Bhâgavata-Religion den Glauben an einen persönlichen Gott und einen ausgesprochenen ethischen Charakter besaß, so kamen ihre Anhänger besser auf ihre Rechnung, wenn sie sich mehr an das Yoga-System hielten, das Gott anerkannte und ethische Ziele verfolgte. Zwar nicht der Yoga selbst mit seinen uralten Übungen, aber das Yoga-System ist eine Tochter des Sâṃkhya: es hat sämtliche Sâṃkhya-Anschauungen von Bedeutung, mit Ausnahme der Gottesleugnung, übernommen und auf ihnen seine Lehre von der Konzentration des Denkens und den dadurch zu gewinnenden Kräften aufgebaut. Der persönliche Gott ist nur ganz lose und unvermittelt in das Yoga-System eingefügt, und zwar dem Bunde mit der Bhâgavata-Religion zuliebe. Dadurch gewann das ursprünglich nur für Philosophen bestimmte System Einfluß auf weitere

---

[1]) Vgl. Lassen, I. A. K. II [2] 1123, und zu dem Folgenden Grierson, Encycl. of Rel. and Ethics II. 541.

Kreise. Die Bhâgavatas ihrerseits entnahmen dem Yoga-System mehrere Begriffe, vor allem den des Yoga oder der Konzentration des Denkens, den sie allmählich im Sinne der Gottergebung umbildeten und dem Begriff der Gottesliebe annäherten [1]).

Die hier besprochene Art der philosophischen Fundierung der Bhâgavata-Religion ist noch deutlich in der Bhagavadgîtâ, dem eigentlichen Erbauungsbuch der Sekte, zu erkennen. Außerdem möchte ich auch hier auf eine Vermutung hinweisen, die ich Sâṃkhya-Philosophie [2] 63 geäußert habe. An die Stelle des „alten Viṣṇuismus mit einer Sâṃkhya-Metaphysik", den A. Barth, Religions de l'Inde 117, aus den vielfach in viṣṇuitischen Schriften sich findenden Spuren einer dualistischen Weltanschauung erschließt, werden wir wahrscheinlich einfach die Religion der Bhâgavatas zu setzen haben, die ja später im Viṣṇuismus aufgegangen ist und diesem ihre Anschauungen mitgeteilt hat.

R. G. Bhandarkar spricht von der „religion of Bhakti or Love and Faith that had existed from times immemorial" [2]). Die Behauptung ist in dieser Form sicher nicht richtig — schon deshalb nicht, weil eine Geisteskultur von solcher Höhe, wie sie zur Hervorbringung der Gottesliebe nötig ist, nirgends auf Erden in unvordenklichen Zeiten geherrscht hat; aber sie enthält doch ein Element der Wahrheit; denn die *bhakti* läßt sich in ihren ersten Anfängen und Regungen bis in die altvedische Zeit zurückverfolgen. Wenn im Rigveda die Götter oftmals Vater, Bruder, Freund usw. genannt und unter allerlei Äußerungen kindlichen Zutrauens um Hilfe und Schutz angefleht werden, so haben die alten Liederdichter solche

---

[1]) Die Bedeutung des Yoga-Systems für die Bhâgavata-Religion erscheint noch ganz deutlich in der Legende von Akrûra, Bhâg. Pur. X. 57. 29, bei Grierson, Ind. Ant. 1908, 257, Anm. 25.

[2]) Report S. 74 unten und am Schluß seines Vortrages auf dem Wiener Orientalisten-Kongreß, weniger bestimmt im Grundriß III, 6, S. 28fg.

Worte doch aus demselben Gefühl heraus gebraucht, das sie mit den ihnen am nächsten stehenden Menschen verband. Dieses alte Gefühl der naiven Zuneigung zu den Göttern wurde, als monotheistische Tendenzen die Oberhand gewonnen hatten, allmählich zur hingebenden, inbrünstigen, vertrauensvollen, den ganzen Menschen erfüllenden Gottesliebe veredelt und gesteigert. In der Sekte der Bhâgavatas wurde die Gottesliebe zuerst Gipfel und Mittelpunkt des religiösen Lebens; auch scheint sie bei den Bhâgavatas zuerst die Bezeichnung *bhakti* erhalten zu haben, die von derselben Wurzel abgeleitet ist wie Bhagavat und Bhâgavata.

Die Frage nach dem Alter der *bhakti* ist für unsere Betrachtungen von solcher Wichtigkeit, daß wir uns etwas eingehender mit ihr beschäftigen müssen.

Als ältester Beleg für das Wort *bhakti* in der eben angegebenen Bedeutung gilt der Schlußvers der Śvet. Up. *yasya deve parâ bhaktiḥ* „Wer die höchste Liebe zu Gott empfindet"; und dieser Wortlaut hat mit dazu beigetragen, daß öfter der nachchristliche Ursprung der Śvet. Up. vermutet worden ist [1]). Ich glaube nicht, daß diese Vermutung berechtigt ist; schon deshalb nicht, weil mehrere Verse der Śvet. Up. bereits in die ursprüngliche Bhag. übergegangen sind, die nach meiner Ansicht (s. Kapitel IV) entweder aus vorchristlicher oder jedenfalls aus einer Zeit stammt, in der das Christentum in Indien noch nicht bekannt war. In meinem Buche „Indien und das Christentum" habe ich den Nachweis geliefert, daß die Thomaslegende durchaus unglaubwürdig ist und daß frühestens im Anfang des dritten Jahrhunderts die Kenntnis des Christentums in den äußersten Nordwesten Indiens eingedrungen sein kann.

Weber hat zu wiederholten Malen die Entlehnung der *bhakti* aus dem Christentum behauptet und sich dabei

[1]) Z. B. von Weber, Ind. Stud. I. 421—423, und von Röer in der Einleitung zu seiner Übersetzung der Upaniṣad, Bibl. Ind. Vol. XV, S. 36.

namentlich auf die merkwürdige, im 12. Buch des Mbh. enthaltene Legende gestützt, die berichtet, daß die Weisen Nârada (Adhy. 337, ed. Calc.) und Ekata, Dvita, Trita (Adhy. 338) nach dem Śvetadvîpa, der weißen Insel oder der Insel der Weißen, gelangt seien, und daß Nârada von dort die ihm durch Nârâyaṇa verkündete Pâñcarâtra-Lehre mitgebracht habe. Weber sagt, daß dieser Bericht nur verständlich werde, „wenn man darin Traditionen über Reisen indischer Frommen nach Alexandrien und über ihre daselbst erlangte Bekanntschaft mit dem Christentum erkennt" [1]). Wenn man im Mbh. liest, daß die weißen in dem Śvetadvîpa wohnenden Menschen von der höchsten Liebe zu dem einen unsichtbaren Gott Nârâyaṇa erfüllt seien (Mbh. XII. 12798), daß sie ihn im Herzen mit leise gemurmelten Gebeten verehren (XII. 12787), daß Niemand unter ihnen eine hervorragende Stellung hat, sondern Alle das gleiche Ansehen genießen (XII. 12790), so klingt das allerdings außerordentlich christlich. Auch Lassen, der sich doch im übrigen entschieden gegen Weber's Theorie von der Einwirkung des Christentums auf die Entwicklung des Kṛṣṇaismus gewendet hat, ist I. A. K. II² 1118, 1119 durch diese Schilderung des Śvetadvîpa zu der Annahme geführt worden, „daß einige Brahmanen in einem ihrem Vaterlande im NW. nahe gelegenen Lande das Christentum

---

[1]) Die Griechen in Indien, Sitzungsber. der Berliner Akademie der Wissensch. 1890, S. 930; vgl. auch Ind. Stud. I. 400, II. 398fg.; Die Râma-Tâpanîya-Upanishad, Abhandl. der Berliner Akademie der Wissensch. 1864, S. 277; Über die Kṛishnajanmâshṭamî (Kṛishṇa's Geburtsfest), ebendas. 1867, S. 318—324; Zur indischen Religionsgeschichte 30 und anderweitig. — Der Śvetadvîpa liegt nach dem Mbh. in einer Entfernung von mehr als 32000 Meilen (*yojana*) nordöstlich (XII. 12703) oder nördlich (XII. 12774) von dem Berge Meru am Nordrande des Milchmeeres. Trotz dieser deutlichen Angabe der Himmelsrichtung hat Weber mit fast unbegreiflicher Hartnäckigkeit Jahrzehnte lang an der Identifizierung des Śvetadvîpa mit Alexandria festgehalten, das der Lage nach gar nicht in Betracht kommen kann

kennen gelernt und einige christliche Lehren nach Indien gebracht haben"; er vermutet, daß dieses Land Parthien gewesen sei, „weil die Überlieferung, daß der Apostel Thomas in diesem Land das Evangelium verkündigt habe, alt ist". Wenn auch diese Begründung hinfällig ist, so ist doch Lassen mit seiner Vermutung jedenfalls der Wahrheit näher gekommen als Weber mit der Verlegung des Śvetadvîpa nach Alexandria. Über andere ganz unsinnige Lokalisierungen ist kein Wort zu verlieren.

Die höchst phantastische Beschreibung der Bewohner des Śvetadvîpa hat einige Fachgelehrte bestimmt, die christliche Grundlage der Legende überhaupt zu leugnen und in ihr nur eine dichterische Schilderung eines rein mythischen Landes seliger Wesen zu sehen. Dahin haben sich ausgesprochen Barth (Religions de l'Inde 132), Hopkins (Religions of India 431, 432), Telang (bei Pratâpa Chandra Roy, Mbh. translated XIII, S. 752 Anm., wohl nach der Einleitung zu Telang's mir nicht zugänglicher metrischer Übersetzung der Bhagavadgîtâ), R. G. Bhandarkar (Grundriß III, 6, S. 7, 32), Winternitz (Österr. Monatsschrift f. d. Orient 41, S. 185, 186; DLZ. 1915, 72). Ich selbst habe lange Zeit diese Anschauung geteilt und bin erst neuerdings zu der Überzeugung gelangt, daß Lassen, Weber, Grierson (Encycl. of Religion and Ethics II. 549ª und sonst), Kennedy (JRAS. 1907, 481 fg.) u. a. mit Recht in dem Śvetadvîpa-Abschnitt die Spuren einer Bekanntschaft mit dem Christentum gefunden haben. In „Indien und das Christentum" 196 fg. [1]) glaube ich es zum mindesten sehr wahrscheinlich gemacht zu haben, daß der Balchasch-See unter dem indischen Milchmeer und nestorianische Gemeinden an den Ufern dieses Sees unter den Bewohnern des Śvetadvîpa zu verstehen sind.

Was aber beweist dies für das Alter und für die von Weber behauptete christliche Herkunft der *bhakti*? Die

[1]) Ich möchte bei dieser Gelegenheit einen störenden Druckfehler berichtigen, der sich dort S. 196, Z. 13 findet: Der Balchasch-See ist etwa 20000 Quadrat-Kilometer, nicht Quadratmeter groß.

Svetadvîpa-Legende — das einzige Stück des Mbh., von dem mit Wahrscheinlichkeit behauptet werden darf, daß es die Bekanntschaft mit christlichen Lehren und dem christlichen Kultus verrate — gehört nach dem Urteil aller berufenen Fachleute zu den letzten Einschiebseln des großen Epos und gehört erst in das 6. Jhdt. nach Chr. Mit der Erzählung vom Śvetadvîpa hat ihr Verfasser nur einen Beleg aus dem Ausland für die Lehre geben wollen, daß die Gottesliebe der sicherste Weg zum höchsten Heile sei.

Für die Frage nach dem Alter der *bhakti* ist also die Śvetadvîpa-Legende belanglos, ebenso wie das, was Weber a. a. O. weiterhin in diesem Zusammenhang anführt: daß nämlich der in Indien bekannt gewordene Name Christi, „des Sohnes der göttlichen (?) Jungfrau", die Inder an den von ihnen verehrten Kṛṣṇa, Sohn der Devakî (anscheinend: der Göttlichen) erinnert habe, und so sei es gekommen, „daß auch zahlreiche christliche Stoffe und Legenden, speziell die von Christi Geburt unter den Hirten, von dem Stalle, der Krippe als seiner Geburtsstätte, von dem Bethlehemitischen Kindermord, von der Schatzung des Kaisers Augustus, und anderes dergleichen, sich in den indischen Legenden von Kṛishṇa wiederfinden". Nun sind aber, wie aus Weber's inhaltsreicher Abhandlung „Über die Kṛishṇajanmâshṭamî (Kṛishṇa's Geburtsfest)" hervorgeht, diese christlichen Elemente im Kṛṣṇa-Mythus erst in so später Zeit (frühestens aus der ersten Hälfte des 7. Jhdts.) [1]) nachweisbar, daß sie für die hier behandelte Frage gar nicht in Betracht kommen; und einige Züge, für die Weber christliche Herkunft annimmt, sind mit Sicherheit aus vorchristlicher Zeit zu belegen (vgl. Bhandarkar, Ind. Ant. 1874, 14 fg.). Die Ansicht Weber's, daß schon in den ersten nachchristlichen Jahrhunderten ein Einfluß des Christentums auf Indien, insbesondere auf die Lehren der Pâñcarâtras, zu beobachten sei, ist schon

[1]) Garbe, Indien und das Christentum 259.

von Lassen I. A. K. II² 1121—1128 genügend widerlegt worden; und auch andere gewichtige Stimmen haben sich dagegen erhoben.

Dafür, daß der Begriff der *bhakti*, um den es sich hier für uns handelt, aus dem Christentum entlehnt sei, ist bisher auch nicht der Schatten eines Beweises beigebracht worden. Was an religiösem Inhalt in dem Worte *bhakti* liegt, ist durchaus nicht etwas spezifisch Christliches. Nicht nur in den monotheistischen Religionen entwickelt sich allmählich Gottesliebe und Gottvertrauen, sondern selbst außerhalb monotheistischer Vorstellungskreise findet sich das [1]). Und gerade in Indien hat man allen Grund, die *bhakti* als un fait indigène, wie Barth sagt, zu betrachten; denn monotheistische Ideen ziehen sich vom Rigveda an durch fast alle Perioden der indischen Religionsgeschichte hindurch, und das der indischen Volksseele von jeher eigene kraftvolle Aufstreben zum Göttlichen mußte in einem volkstümlich gestalteten Monotheismus solche Gefühle wie Gottesliebe und Gottergebenheit zeitigen.

Edmund Hardy, Lit. Centralblatt 1903, Sp. 1269, macht darauf aufmerksam, daß *bhakti* [in der Pâli-Form *bhatti*] in der Bedeutung „Liebe, Hingebung" Jât. V. 340. 3, 6; 352. 11 erscheint, und verweist wegen des Übergangs in die spezifische Bedeutung „Gottesliebe" auf Theragâthâ v. 370. In diesem letzteren Sinne wäre auch Pâṇini IV. 3. 95 im Zusammenhang mit 98 zu nennen. Aus diesen Stellen ergibt sich, daß das Wort *bhakti* in dem weltlichen Sinne „Liebe, Ergebenheit, Anhänglichkeit" in Indien im 4. Jahrhundert vor Chr. gebraucht worden ist, und daß sich schon in derselben Zeit die An-

---

[1]) Barth, Religions de l'Inde 132: . . . „dans les religions d'Osiris, d'Adonis, de Cybèle, de Bacchus, à son heure et indépendamment de toute influence chrétienne." Vgl. auch John M. Robertson, Christianity and Mythology 285, wo aus der vorchristlichen griechischen und römischen Literatur Stellen angeführt sind, die weit mehr mit neutestamentlichen Gedanken übereinstimmen als Aussprüche der Bhag. über die *bhakti*.

wendung des Wortes auf das Verhältnis der Menschen zu Gott angebahnt hat. Wenn auch „die *bhakti*, um die es sich ..... [bei Pâṇini IV. 3. 95], resp. für die Regeln 96—100 handelt, nur in der einfachen Bedeutung von: Liebe, Ergebenheit zu fassen ist — nach Regel 96 bezieht sie sich auch auf leblose Dinge, dem Calc. schol. nach auf Kuchen und Backwerk —" (Weber, Ind. Stud. XIII. 349, 350), so ist doch die Beziehung des Wortes *bhakti* auf Vâsudeva in Regel 98 zum mindesten ein Beweis dafür, daß in Pâṇini's Zeit der Gebrauch von *bhakti* in der Bedeutung „Gottesliebe" im Entstehen war; und die oben S. 34 besprochene Auffassung Patañjali's von jener Stelle (*bhakti* mit Bezug auf den *tatra-bhagavat*) zeigt, daß die Bedeutung im 2. Jahrhundert vor Chr. — und gewiß früher — vollkommen geläufig war. Die Annahme, daß der Gebrauch des Wortes *bhakti* im spezifisch religiösen Sinne durch einen aus der Fremde eingeführten Begriff veranlaßt worden sei, dürfte damit widerlegt sein.

Wenn man auch nicht durchaus nötig hat, die „Gottesliebe" schon der ursprünglichen Bhâgavata-Religion zuzuschreiben, so war doch der Glaube der Vâsudeva-Verehrer jedenfalls von diesem Gefühl schon erfüllt, lange bevor die Bhagavadgîtâ gedichtet worden ist; denn eine neue Idee wird anders verkündigt als die *bhakti* in der Bhag., wo diese Empfindung auf Schritt und Tritt wie etwas Selbstverständliches gefordert wird.

Wenn man die Entwicklung der Bhâgavata-Religion in Perioden einteilen darf, so wird man vernünftigerweise die erste so lange währen lassen, wie diese Religion ein Sonderleben außerhalb des Brahmanentums geführt hat. In diese erste Periode, die ich von dem unbestimmbaren Anfang bis gegen 300 vor Chr. rechnen möchte, fallen wahrscheinlich alle bisher in diesem Kapitel behandelten religionsgeschichtlichen Vorgänge, d. h. kurz zusammengefaßt: die Begründung des populären Monotheismus durch Kṛṣṇa Vâsudeva, die philosophische Verbrämung mit Sâṃkhya-Yoga, die Vergöttlichung des Stifters und, wie ich glaube, auch schon die Vertiefung des religiösen Gefühls durch die Forderung der *bhakti*.

Die zweite Periode wird charakterisiert durch die Brahmanisierung der Bhâgavata-Religion und die Identifizierung Kṛṣṇa's mit Viṣṇu. Schon die große Volkstümlichkeit der Sagen und Legenden, von denen die Gestalt Kṛṣṇa's umwoben war, muß die Aufmerksamkeit der Brahmanen erregt haben; aber für die Gleichsetzung Kṛṣṇa's mit Viṣṇu war ihnen doch erst dann die Grundlage geboten, als Kṛṣṇa vom Stammesheros endgiltig zum Gott erhoben war. Man könnte gegen diese Auffassung einwenden, daß doch auch Râma als rein menschlicher Held von den Brahmanen zu einer Erscheinungsform Viṣṇu's gemacht und erst infolge dieser Identifizierung vergöttlicht worden ist; warum sollte also Kṛṣṇa nicht ebenso schon als Heros für eine Verkörperung Viṣṇu's erklärt worden sein? Dem ist entgegenzuhalten, daß die Sache in den beiden Fällen doch sehr verschieden liegt. Râma, der weiche, fromme, entsagende Tugendheld, war ein echt brahmanischer Charakter, der sich viel leichter dem Viṣṇu-Glauben assimilieren ließ als die volkstümliche Gestalt des kraftvollen und energischen Kṛṣṇa, von dem die Brahmanen aus der Überlieferung sehr wohl wußten, daß er in seinen Lehren die Autorität des Veda verworfen und das brahmanische Opferwesen, die große Einnahmequelle des Priestertums, bekämpft hatte (vgl. die Bhagavadgîtâ), wie es nach ihm ein Größerer als er, Buddha, mit größerem Erfolge getan hatte. Noch Śaṃkarâcârya weist zu einer Zeit, als die Bhâgavatas längst in dem Brahmanentum aufgegangen waren, in seiner Kritik der Bhâgavata-Pâñcarâtra-Religion (Komm. zu den Brahmasûtras II. 2. 42—45) am Schluß auf den vedafeindlichen Charakter der Sekte hin. Wie kann man da zweifeln, daß die Brahmanen nur widerwillig, aber mit dem richtigen Blick für den eigenen Vorteil, um erfolgreicher dem Buddhismus entgegenwirken zu können, die Bhâgavatas zu sich herübergezogen haben? Konnten sie das mit dem Schein der Berechtigung eher tun, als Kṛṣṇa Vâsudeva für die Bhâgavatas ein Wesen geworden war, das mit dem brahmanischen Viṣṇu eine innere Verwandtschaft aufwies? Mit dem älteren Charakter Kṛṣṇa's, seinem Menschtum und Kriegertum, wie es in den epischen Sagen lebte, fanden sich dann die Brahmanen leicht ab, indem sie sich auf ihre bequeme Avatâra-Theorie stützten.

Als ältestes Zeugnis für die Gleichsetzung Viṣṇu's mit Nârâyaṇa-Vâsudeva, dem Gotte der Bhâgavatas, nennt Weber, Ind. Stud. XIII. 353 Anm. 1, die Stelle in der Mahânârâyaṇa Up., Taitt. Âr. X. 1. 6. Da wir jedoch nicht sagen können, wann diese Upaniṣad-Kompilation als letztes Buch dem Taitt. Âr. angefügt worden ist, so verliert dieses Zeugnis jeden Wert für chronologische Zwecke. Entscheidend aber ist die längst bekannte Tatsache, daß Megasthenes in seinen Berichten unter dem Namen Herakles den Kṛṣṇa als Avatâra Viṣṇu's schildert. Der Parallelismus von Herakles mit Dionysos (= Śiva) beweist — trotz Weber, Ind. Stud. II. 409, 410 —, daß Kṛṣṇa in der Zeit, als Megasthenes in Indien war, nicht mehr als bloßer Stammesheros, sondern bereits als Viṣṇu, bzw. dessen Erscheinungsform, gegolten hat. Zwischen 302 und 288 vor Chr. stand also die Identität Kṛṣṇa's mit Viṣṇu bereits fest, und nicht erst im 5. und 6. Jahrhundert nach Chr. läßt sich, wie Weber vor langen Jahren behauptet hat (Ind. Stud. I. 400 Anm. am Ende), der eigentliche Kṛṣṇa-Dienst nachweisen.

Wir dürfen indessen die Identifizierung Kṛṣṇa's mit Viṣṇu und auch die vorangegangene Vergöttlichung Kṛṣṇa's nicht lange vor 300 v. Chr. ansetzen; denn die zweite Periode in der Entwicklung des Mahâbhârata-Textes, die Hopkins, Great Epic 398, mit gutem Grund, aber natürlich nur mit dem Anspruch auf reasonable probability von 400—200 vor Chr. rechnet, kennt Kṛṣṇa nur erst als Halbgott (no evidence ..... of Krishna's divine supremacy). Zwar ist der Gedanke nicht unberechtigt, daß die Bearbeiter des Epos trotz der Vergöttlichung Kṛṣṇa's an dem Charakter festgehalten haben, den Kṛṣṇa in der volkstümlichen Überlieferung besaß; aber gar zu lange werden sie sich doch nicht der brahmanischen Auffassung von der Identität Kṛṣṇa-Viṣṇu's haben entziehen können, wenn diese einmal zum Dogma erhoben worden war.

Ich glaube, die zweite Periode der Bhâgavata-Religion von vor 300 a. Chr. bis etwa zum Anfang unserer Zeitrechnung ansetzen zu dürfen. Jedenfalls gehört die ursprüngliche Bhagavadgîtâ — ohne mit dieser Bemerkung zunächst etwas über ihre Datierung aussagen zu wollen — in diese Periode deshalb hinein, weil in ihr Kṛṣṇa noch nicht mit dem Brahman identifiziert, aber mehrfach als Viṣṇu bezeichnet wird (von den drei Stellen X. 21, XI. 24, 30 gehören die beiden letzten schon dem alten Gedicht an) und weil IV. 6—8 eine Anspielung auf die Avatâra-Theorie enthält.

Die dritte Periode der Bhâgavata-Religion, für die ich die Zeit vom Beginn unserer Zeitrechnung bis zur Mitte des 11. Jahrhunderts annehmen möchte, ist gekennzeichnet durch die Identifizierung Kṛṣṇa-Viṣṇu's mit dem Brahman; es bleiben aber trotz der Vedântisierung des Kṛṣṇaismus die alten Sâṃkhya-Yoga-Elemente bestehen. In der Frühzeit dieser Periode ist die Umarbeitung der Bhagavadgîtâ vorgenommen worden.

Neben der pantheistischen Auffassung des Gottes, die mit der Zeit immer konsequenter durchgeführt wird, entwickelt sich — ganz der metaphysisch-sinnlichen Doppelnatur des Inders entsprechend — eine erotische Auffassung Kṛṣṇa's [1]), die hauptsächlich in der Schilderung seiner Liebesspiele mit den Hirtinnen schwelgt, zugleich aber auch einen mystischen Zug aufweist. Die Beziehungen Kṛṣṇa's zum Hirtenleben sind aus der Erinnerung daran abgeleitet, daß der menschliche Kṛṣṇa aus einem Hirtenvolk hervorgegangen und als dessen Anführer berühmt geworden war.

---

[1]) In den jüngsten Stücken des Mbh. und im Harivaṃśa; ihren Höhepunkt erreicht diese Entwicklung bekanntlich im Gîtagovinda.

Die vierte Periode der Bhâgavata-Religion datiere ich seit ihrer Systematisierung durch Râmânuja im 11. Jahrhundert. Das System Râmânuja's, das noch heute namentlich in Südindien zahlreiche Anhänger zählt, aber auch im Norden in vielen Brahmanenfamilien als erbliche Glaubensform Verbreitung hat, ist am übersichtlichsten von R. G. Bhandarkar an dem oben S. 27 angeführten Orte dargestellt worden [1]). Wenn aber Bhandarkar S. 74 am Schluß sagt: „It was Râmânuja's endeavour to .... seek a Vedântic and philosophic basis for the religion of Bhakti or Love and Faith ....., and thus the Pâñcharâtra system which was independent of the Vedas before became a system of the Vedânta or an Aupanishada system", so ist das entschieden unrichtig. Denn daß die vedântistischen Grundgedanken nicht erst von Râmânuja in die Religion der Bhakti hineingetragen worden sind, sondern viele Jahrhunderte vor ihm dort Eingang gefunden haben, das lehren uns die Bhagavadgîtâ, das Bhâgavata Purâṇa und andere Texte.

Die Bhâgavatas waren ursprünglich so ausschließlich Kṛṣṇaverehrer, daß wir für die ältere Zeit die Ausdrücke Bhâgavata-Religion und Kṛṣṇaismus als gleichbedeutend gebrauchen können. Als aber diese Religion durch Râmânuja reformiert wurde, war Râma als Name des einen Gottes an die Stelle von Kṛṣṇa getreten (vgl. oben S. 31). Diese Râmâisierung der Bhâgavata-Religion, die vielleicht auf Râmânuja zurückzuführen ist, wurde noch stärker von seinem bekanntesten Nachfolger, Râmânanda, Ende des 14. Jhdts. durchgeführt. Die anderen Bhâgavata-Schulen haben jedoch mit einer Ausnahme wieder Kṛṣṇa zum Gegenstand der Verehrung gemacht. Die erfolg-

[1]) Vgl. auch Bhandarkar, Grundriß III. 6, S. 50 fg. (besonders 52), und ferner Sarvadarśanasaṃgraha, Kap. IV, Wilson, Essays and lectures, ed. R. Rost, I. 34—46, Colebrooke, Misc. Ess., ed. Cowell, in dem Artikel über die Pâñcarâtras oder Bhâgavatas I. 437—443, K. M. Banerjea, Dialogues on the Hindu philosophy 401 fg., Hopkins, Religions of India 496 fg.

reichsten der späteren kṛṣṇaitischen Sektenstifter waren Vallabhâcârya (um 1500) und dessen Schwiegersohn Caitanya [1]). Die Verschiedenheiten der einzelnen Schulen hinsichtlich der Gottesidee sind unwesentlich; Kṛṣṇa ist wie Râma einfach ein Name für Gott.

Unter den neueren Werken, in denen die Lehre von der *bhakti* im Anschluß an die Bhagavadgîtâ entwickelt wird, nehmen die Śâṇḍilyasûtras, eine Nachahmung der philosophischen Sûtras, die erste Stelle ein.

Ich habe hier in kurzgefaßter Darstellung die Entwicklung der Bhâgavata-Religion über die Zeit der Bhagavadgîtâ hinaus verfolgt, der Vollständigkeit halber und weil der Kṛṣṇaismus seit der Abfassung der Bhagavadgîta, und nicht zum wenigsten durch den gewaltigen Erfolg dieser Dichtung, in dem religiösen Leben Indiens noch erheblich an Bedeutung gewonnen hat.

III. DIE LEHREN DER BHAGAVADGÎTÂ.

Die Situation des Dialogs zwischen Kṛṣṇa und Arjuna ist bekannt, doch dürfte eine kurze Skizzierung vielleicht dem einen oder andern Benutzer dieser Arbeit willkommen sein. Die Kauravas und Pâṇḍavas rücken nach langjährigem Hader, zum offenen Kampf gerüstet, mit ihren beiderseitigen Heeren und Bundesgenossen auf dem Kurufelde, dem Gebiet des heutigen Delhi, gegeneinander vor. Obwohl die beiden nahe verwandten Familien auf den Namen der Kurus oder Kauravas gleichen Anspruch haben, wird diese Bezeichnung doch gewöhnlich auf die eine Partei beschränkt, d. h. auf den blinden alten König Dhṛtarâṣṭra, seinen Oheim Bhîṣma und seine Söhne, unter denen der älteste Duryodhana ist; nur Arjuna wird trotz seiner Zugehörigkeit zu der andern Familie sechs-

[1]) Wegen des Näheren, auch hinsichtlich des Unterschiedes der Kṛṣṇaiten und Râmaiten, verweise ich auf den vortrefflichen Artikel von Grierson, Bhaktimârga in der Encycl. of Rel. and Ethics II, und auf mein „Indien und das Christentum“ 267 fg.

mal in der Bhag. „Sproß des Kuru“ oder ähnlich genannt[1]). Dem blinden Dhṛtarâṣṭra wird der Verlauf der Schlacht von seinem Wagenlenker Saṃjaya berichtet, welchem Vyâsa, der angebliche Verfasser des Mahâbhârata, die übernatürliche Kraft verliehen hatte, alle Vorgänge des Kampfes zu erkennen. Eine der ersten Stellen in diesem Bericht des Saṃjaya nimmt der Dialog zwischen Kṛṣṇa und Arjuna ein, der mit seinem vollen Namen Bhagavadgîtopaniṣad „die von dem Erhabenen verkündete Geheimlehre“ heißt, jedoch gewöhnlich abgekürzt Bhagavadgîtâ oder bloß Gîtâ genannt wird. Bei dem Anblick der nahen Verwandten in dem feindlichen Heere scheut sich Arjuna den Kampf zu beginnen und wird von Kṛṣṇa, der ihm in seiner menschlichen Gestalt als Wagenlenker zur Seite steht, auf das Gebot der Pflicht verwiesen. Im weiteren Verlauf vertiefen sich Kṛṣṇa's Ermahnungen und Belehrungen, und im elften Gesang offenbart er sich dem Arjuna als den einigen Gott, als den Herrn aller Welten, der die Gestalt des Yâdava-Helden angenommen hat.

Hopkins, Great Epic 384, bezeichnet die Gîtâ als ein purely priestly product, was mir eine arge Verkennung des Wesens dieser Dichtung zu sein scheint, in welcher der Veda und das brahmanische Ritual verworfen und die listige Habgier der Brahmanen gegeißelt wird (II. 42--46). Gerade darin, daß die Gîtâ nicht ein priesterliches Erzeugnis ist, beruht hauptsächlich ihre religionsgeschichtliche Bedeutung.

Was die Lehren der überarbeiteten Bhag. anbetrifft, so kann man auch heute noch auf die wohldurchdachte Darstellung W. v. Humboldt's verweisen, dessen berühmte Abhandlung ihren Wert behauptet, obwohl selbstverständlich die Wissenschaft unserer Tage Einzelheiten anders beurteilt und meiner Meinung nach von dem tiefsinnigen Forscher manchmal zu viel in die Worte der Gîtâ hineingelegt worden ist.

---

[1]) S. in der Ausgabe von Schlegel-Lassen, Index nominum propriorum unter Kuru.

Fassen wir nun die ursprüngliche, noch nicht vedântisierte Gîtâ ins Auge, wie ich sie aus der überlieferten Gestalt herauszuschälen versucht habe, so bedarf es zunächst kaum eines Hinweises darauf, daß sie den allgemein-indischen Glauben an die Seelenwanderung, an die nachwirkende Kraft des Werkes und an die Möglichkeit der Erlösung aus dem qualvollen Kreislauf des Lebens teilt.

Nicht nur der Grundzug der Bhag., der die Gottesliebe der Gipfel aller Weisheit ist, charakterisiert das Gedicht als ein Lehrbuch der Bhâgavatas, sondern auch äußerlich ist dieses Verhältnis an den Bezeichnungen für Gott (Kṛṣṇa, Vâsudeva, Bhagavat, Puruṣottama) erkennbar. Auch in einem speziellen, aber wichtigen Punkte finde ich Bhâgavata-Lehre in der Gîtâ, nämlich XV. 7, wo Gott erklärt, daß die Einzelseele aus ihm hervorgegangen und ein Teil von ihm selbst sei[1]). Daß endlich die Verbindung des Monotheismus mit den Lehren des Sâṃkhya-Yoga ein für die Sekte der Bhâgavatas charakteristischer Zug ist, haben wir oben in Kap. II gesehen.

Diese Verbindung erforderte mancherlei Umdeutungen und Entstellungen der beiden Systeme; denn nur so konnte der Theismus der Bhâgavatas mit den Lehren des ausgesprochen atheistischen Sâṃkhya-Systems und des nur äußerlich mit einem theistischen Anstrich versehenen Yoga-Systems verbrämt werden. Wenn deshalb die Gîtâ zahlreiche Abweichungen von den echten Sâṃkhya-Yoga-Lehren, d. h. von den in den Lehrbüchern der beiden Systeme vertretenen Anschauungen, aufweist, so wäre es ganz verfehlt, hier ältere Stufen des Sâṃkhya-Yoga zu erblicken.

Das Sâṃkhya-System wird in der Gîtâ sechsmal (II. 39, III. 3, V. 4, 5, XIII. 24, XVIII. 13; vgl. auch XVIII. 19) mit Namen genannt, und seine Hauptlehren werden in unverfälschter Reinheit II. 11—16, 18—30,

---

[1]) S. außer den bekannten Stellen über die Pâñcarâtra-Lehre Madhusûdana Sarasvatî bei Weber, Ind. Stud. I. 11.

III. 27—29, V. 14, VII. 4, XIII. 5, 19fg. vorgetragen. Außerdem ist die ganze Dichtung von dem Einfluß der Sâṃkhya-Lehren, namentlich der Theorie der drei Guṇas durchdrungen. Aber die Fachausdrücke des Sâṃkhya sind in der Bhag. durchaus nicht immer in ihrer technischen Bedeutung gebraucht, sondern häufiger in dem Sinne, der ihnen in landläufigem Sprachgebrauch eigen ist. So bezeichnen zwar manchmal *buddhi*, *ahaṃkâra*, *manas* die drei Innenorgane des Sâṃkhya-Systems, aber gewöhnlich begegnen uns *buddhi* und *manas* in der Bedeutung „Sinn, Herz, Verstand, Einsicht", und *ahaṃkâra* in der Bedeutung „Selbstsucht, Überhebung". Auch *prakṛti* ist nicht immer die Materie oder Urmaterie, sondern steht III. 33, IV. 6, VII. 4, 5, 20, IX. 8, 12, 13, XI. 51, XIII. 20, XVIII. 59 im Sinne von „Natur, Wesen, natürlicher Zustand". Ebenso hat *âtman* häufig nicht seine philosophische Bedeutung, sondern ist als „Wesen, Gemüt" oder ähnl. zu übersetzen. So und so oft (z. B. V. 21, VI. 10, 36, 47, XIII. 24) erklärt Śaṃkara *âtman* durch *antaḥkaraṇa* „Innenorgan"; doch ist in diesen Fällen wohl an das mit seinen Bestimmungen verbundene, empirische Selbst (an den *viśiṣṭâtman* der Lehrbücher) zu denken. Mehrfach (IV. 21, V. 7, VI. 10) deuten die Kommentatoren sogar *âtman* als den Körper.

Das Verhältnis zwischen der Bhâgavata-Religion und der Yoga-Lehre beruht auf gegenseitiger Beeinflussung, worauf schon oben (S. 38, 39) hingewiesen wurde. Es handelt sich hauptsächlich darum, daß die Bhâgavatas den Begriff des *yoga* übernommen, ihn aber umgedeutet und dem Worte den Sinn „Gottergebung, auf Gott gerichtete Andacht" gegeben haben [1]). Andererseits hat die Yoga-Lehre den Gottesbegriff der Bhâgavata-Religion entnommen. Wie der Gottesbegriff in den Yogasûtras aufgefaßt ist, wie er in ganz äußerlicher, ja den Zu-

---

[1]) „Der *bhaktimârga* knüpfte an den Yoga an und ist aus ihm entstanden" Jacobi, Gött. gel. Anz. 1897, 277.

sammenhang störender Weise in dieses Lehrgebäude eingefügt ist, habe ich im Grundriß der indo-arischen Phil. und Alt. III. 4, S. 50 auseinandergesetzt. Beseitigte man die von Gott handelnden Yogasûtras I. 23–27, II. 1, 45, so würde in dem Lehrbuch keine Lücke entstehen, sondern nur etwas fortfallen, was den ganzen Voraussetzungen des Yoga-Systems widerstreitet. Wenn schon die Aufnahme des Gottesbegriffs in das Yoga-System ein Zugeständnis an die Bhâgavatas bedeutet, so gilt das in erhöhtem Maße von dem (Yogas. I. 23, II. 1, 45 erwähnten) *îśvara-praṇidhâna*, der Gottergebung, worin schon Râjendralâla Mitra, Yoga Aphorisms S. 28, eine Entlehnung aus dem Bhakti-System, d. h. aus der Religion der Bhâgavatas, erkannt hat. *Îśvara-praṇidhâna* ist vollkommen gleichbedeutend mit *yoga* in der Bhâgavata-Auffassung.

Ich muß es dahin gestellt sein lassen, ob die vielseitige Rolle, die der Yoga in der Bhagavadgîtâ spielt, mit der Stellung ganz übereinstimmt, die er in der Bhâgavata-Religion eingenommen hat, oder ob nicht der Verfasser der Gîtâ die Anschauungen des eigentlichen Yoga-Systems in stärkerem Maße zur Geltung gebracht hat. Ich bin aber geneigt, das erstere anzunehmen.

Die Worte *yoga*, *yogin* oder wurzelhaft verwandte Formen sind in der Bhag. überaus häufig, müssen aber in der Übersetzung durch eine Reihe verschiedener Ausdrücke wiedergegeben werden; zuweilen fließen die Bedeutungen so ineinander über, daß man bei der Wahl des Ausdrucks zweifelhaft sein kann. Folgende Stellen handeln, zum Teil ohne das Wort *yoga* zu enthalten, deutlich von den Yoga-Übungen, die sehr viel älter als Patañjali's Lehrbuch sind: IV. 27, 29, 30, V. 27, 28, VI. 10 fg., VIII. 8—14, XVIII. 33. In der großen Mehrzahl der Stellen aber haben *yoga*, *yogin* und verbale Ableitungen von der Wurzel *yuj* den für die Bhâgavatas charakteristischen Bedeutungsinhalt und bezeichnen Gottergebung, Andacht, bzw. den gottergebenen, andächtigen Frommen. Ferner steht *yoga*, wenn es mit *karman* verbunden ist (III. 3, 7, V. 1, 2, IX. 28, XIII. 24), in der ursprünglichen Bedeutung „Ausübung, Vollziehung (der Werke)“ [1]). In Anlehnung an diesen Sinn des Wortes erscheint in der Gîtâ die Yoga-Lehre (besonders in Gesang III und V. 2 fg.) zur Lehre vom pflichtgemäßen Handeln umgedeutet und in Gegensatz zum Sâṃkhya gesetzt, das als die Theorie der richtigen Erkenntnis gilt. Auch diese Umdeutung von *yoga* wird nicht erst der Verfasser der Bhag. vorgenommen haben; vielmehr wird man die Anerkennung der beiden Heilswege, des *jñânayoga* und des *karmayoga*, die Bhag. III. 3, XIII. 24 (an letzterer Stelle *sâṃkhyena yogena* im Sinne von *jñânayogena*) nebeneinander genannt werden und die auch ohne besondere Nennung in dem Gedicht sich gegenüber stehen, gleichfalls als eine Lehre der Bhâgavatas betrachten dürfen. Der *karmayoga* der Bhâgavatas ist zwar später mit dem ritualistischen *karmamârga* zusammengeflossen, weist aber seine echte Bedeutung „pflichtmäßige Ausübung des Berufs ohne persönliches Interesse“ in der Bhag. auf. Der *jñânayoga* der Bhâgavatas besteht aus Gotteserkenntnis und aus Naturerkenntnis im Sâṃkhya-Sinne und bringt den Verzicht auf die Werktätigkeit mit sich.

Es verdient gewiß Beachtung, daß noch auf einer so späten Entwicklungsstufe der Bhâgavata-Religion, wie in dem System des Râmânuja, als die beiden ersten der fünf Wege, die zur Erlösung führen, der *karmayoga* und der *jñânayoga* genannt werden [2]). Der dritte Heilsweg Râmânuja's ist der *bhaktiyoga* (auch schon Bhag. XIV. 26); der vierte, *prapattiyoga*, ist eine Abzweigung aus dem *bhaktiyoga*, und der fünfte, *âcâryâbhimânayoga*, offenbar eine moderne Zutat.

Schließlich tritt uns das Wort *yoga* in der Bhag.

---

[1]) Der Instrumental *yogena* nimmt bei solcher Verwendung für unser Sprachgefühl geradezu oder beinahe die Bedeutung einer Präposition „vermittelst“ an. Vgl. Böhtlingk's „Bemerkungen zur Bhag.“ III. 3, XIII. 24.

[2]) R. G. Bhandarkar, Report 1887, 69; Grundriß III. 6, S. 54 fg.

noch in einer andern Bedeutung entgegen, die sich wohl aus dem Begriff der Werktätigkeit entwickelt hat, nämlich an den Stellen, wo von dem *yoga* Gottes die Rede ist, d. h. von seiner Wunderkraft (IX. 5, X. 7, 18, XI. 8, 47), oder wo Gott dementsprechend *yogin* „wunderkräftig" (X. 17) oder *yogeśvara* „Herr der Wunderkraft" (XI. 4, 9, XVIII. 75, 78) genannt wird.

Nunmehr können wir dazu übergehen, in kurzem Abriß die **Lehren der echten Bhagavadgîtâ**, d. h. des mit Elementen des Sâṃkhya-Yoga unter mehrfachen Umdeutungen ausgestatteten Bhâgavata-Glaubens, darzustellen. Es empfiehlt sich dabei nicht, dem Gedankengang der Bhag. zu folgen, der von einem zum andern abirrt und namentlich in den praktischen Forderungen die verschiedenen anerkannten Standpunkte beständig miteinander vermengt.

Wir beginnen mit dem **systematischen** Teil und hier mit der Person **Gottes**. Gott ist — was nach den früheren Ausführungen kaum mehr nötig wäre zu wiederholen — ein bewußtes, ewiges und allmächtiges Wesen, der „anfanglose große Herr der Welt" (X. 3). Er ist nicht nur von der vergänglichen Welt verschieden, sondern auch von dem unvergänglichen Geist der Wesen (XV. 17—19), also Geist in einer anderen und höheren Art als der Âtman aller Geschöpfe. Wenn es VII. 4—6 heißt, daß Gott zwei Naturen besitze, eine höhere geistige, durch die die Welt erhalten wird, und eine niedere materielle, die aus allem besteht, was nach dem Sâṃkhya zur Prakṛti gehört, so ist das nicht so zu verstehen, als ob die Materie eine Hälfte seines Wesens ausmache; vielmehr ist damit gemeint, daß die Materie sich nicht selbständig, ihren blinden Trieben folgend, sondern unter der Leitung Gottes entfaltet, mit anderen Worten: daß Gott in der Materie wirkt und durch sie handelt. Das wird durch andere Stellen der Bhag. außer Zweifel gestellt. Gott legt in die Materie den Keim zur Entfaltung (XIV. 3, 4), ist also der Vater aller Geschöpfe, während die Materie dem Mutterschoß vergleichbar ist (XIV. 4). Gott leitet die Entstehung, Entwicklung und Auflösung des Universums (IX. 7, 8, 10), und in diesem Sinne nennt er sich den Ursprung und das Ende der ganzen Welt (VII. 6, X. 8) und identifiziert sich mit dem Tode (XI. 32). Alle Zustände der Wesen stammen von ihm (X. 4, 5), er leitet ihr Geschick, d. h. vergilt ihnen nach ihren Taten, und läßt so die Wesen im Kreislaufe des Lebens „herumwirbeln gleich Figuren auf einer Puppenbühne" (XVIII. 61). Alles Handeln Gottes geschieht lediglich um der Welt willen, für ihn selbst gibt es keinen Wunsch, der zu erfüllen, kein Ziel, das zu erreichen wäre (III. 22, 24). „Jedesmal, wenn das Recht im Abnehmen und das Unrecht im Zunehmen ist", erschafft Gott, der doch von Ewigkeit her und unvergänglich ist, sich selbst aufs neue, d. h. nimmt neue Erscheinungsformen an „zum Schutze der Guten und zur Vernichtung der Bösen, um das Recht zu befestigen" (IV. 6—8). Weil Gottes Handeln Sache der von ihm regierten Materie ist und niemals einem egoistischen Motive entspringt, so wird Gott durch sein Handeln nicht gebunden (IV. 13, 14, IX. 9); er kann also nie in das Weltdasein verstrickt werden. Die visionäre Schilderung Gottes in Gesang XI ist dramatischer Aufputz, der auf die Phantasie wirken soll, aber für die eigentliche Lehre der Gîtâ von geringer Bedeutung ist.

Das Verhältnis Gottes zu der Menschenwelt ist nicht allein durch das starre Gesetz der Vergeltung bestimmt, sondern Gott liebt die Menschen, die ihn erkennen und ihm von ganzem Herzen ergeben sind (VII. 17, XII. 14—20, XVIII. 64, 65, 69), und er erlöst denjenigen, der bei ihm allein seine Zuflucht nimmt, von allen Sünden (XVIII. 66). Hier (und ebenso XVIII. 56, 58, 62, 73) liegt also schon der Glaube an die göttliche Gnade (*prasâda*) vor, den wir auch in einigen Upaniṣads mittleren Alters (Kaṭh., Svet., Muṇḍ.) [1]

[1] S. Hopkins, Great Epic 188.

antreffen, und der in der Folge in den indischen Sekten eine so hervorragende Rolle spielt.

Wenn auch Gott den Weltprozeß lenkt, so ist es doch, wie wir schon oben sahen, die **Materie**, die alle Werke tut (III. 27, V. 14, XIII. 20, 29). Aus der Urmaterie entfaltet sich die Welt und geht wieder in sie zurück (VIII. 18, 19); die Idee der Evolution und Reabsorption sowie die Vorstellung der Weltperioden ist also dem Sâṃkhya-System entnommen. Überhaupt stimmen alle Anschauungen über die Materie in der Bhag. mit der Sâṃkhya-Lehre überein. Die drei Guṇas spielen hier dieselbe Rolle wie im Sâṃkhya-System: sie schlagen mit ihren Einflüssen den Geist in Fesseln (XIV. 5 fg.), und die Folgen ihrer Wirksamkeit machen sich im Leben auf Schritt und Tritt bemerkbar, wie das sehr eingehend in Gesang XVII und XVIII ausgeführt wird. Auch die physiologischen Vorstellungen über die inneren Organe und die Sinne sind die des Sâṃkhya-Systems (III. 40, 42, XIII. 5). Alle diese Übereinstimmungen aber sind für die Lehren der Gîtâ nicht von solcher Bedeutung wie die aus dem Sâṃkhya übernommene Grundanschauung über das Wesen der Materie, von der in Gesang II die philosophische Betrachtung ausgeht. Zwar ist die Materie nicht etwa von Gott erschaffen, sondern besteht von Ewigkeit her, aber sie unterliegt unablässigem Wandel und Wechsel; alle ihre Produkte und Wirkungen sind vergänglich; ihre Einflüsse, namentlich Freude und Schmerz, kommen und gehen. verdienen also nicht, daß man sich durch sie bestimmen läßt (II. 14).

Dieser Veränderlichkeit alles dessen, was die Materie hervorbringt, steht die Unveränderlichkeit des **Geistes** gegenüber. Wohl ist der Geist (die Seele, das Selbst) insofern der Materie gleich, als beide ewig und unzerstörbar sind; denn was ist, ist immer gewesen und wird immer sein, „dem Nichtseienden wird keine Existenz zuteil, dem Seienden keine Nichtexistenz" (II. 16); aber darin besteht der große Gegensatz zwischen Materie und Geist, daß dieser niemals einer Veränderung fähig ist. Wenn es XIII. 21

heißt, daß der Geist die (Äußerungen der) Guṇas genießt und daß der Hang zu diesen Guṇas die Ursache für seine Wiedergeburt ist, so handelt es sich hier um eine bildliche Ausdrucksweise, die vollkommen nach der Sâṃkhya-Lehre zu deuten ist. In Wahrheit wohnt der Geist absolut untätig im Leibe, „weder handelnd noch handeln lassend“ (V. 13—15) und bleibt unberührt von allen Einflüssen und Werken der Materie. Das ist in edler Sprache im zweiten Gesang der Bhag. ausgeführt. Wer da weiß, daß der Geist das wahre Ich ist, das die abgenutzten Körper verläßt und in neue eingeht, wie man alte Kleider ablegt und neue anzieht (II. 22), daß der Geist weder verwundet noch vernichtet werden kann, der klagt nicht über Leid und Tod eines Menschen, d. h. nicht über Dinge, von denen nur der vergängliche Körper betroffen wird.

Alles das ist reine Sâṃkhya-Lehre; aber trotzdem ist die Auffassung des geistigen Prinzips in der Bhag. eine wesentlich andere als im Sâṃkhya-System, keine ausschließlich philosophische, sondern eine überwiegend religiöse. Die Einzelseele hat nach der Gîtâ, die den Glauben der Bhâgavatas verkündet, nicht von jeher eine Sonderexistenz geführt, sondern sie hat sich als ein Teil von der göttlichen Seele losgelöst (XV. 7, vgl. auch XVI. 18, XVII. 6). Der Ausdruck *mamai 'vâ 'ṃśo jîvaloke jîvabhûtaḥ sanâtanaḥ* (XV. 7) ist so klar, daß man schon ein gläubiger Anhänger Śaṃkara's sein muß, um das Wort *aṃśa* an dieser wichtigen Stelle im Vedânta-Sinne als „imaginärer, scheinbarer Teil“ aufzufassen. Die Einzelseelen sind also göttlichen Ursprungs; sie sind mit der Materie in eine Verbindung getreten, die an ihnen selbst keine Wandlung hervorzubringen imstande ist, die aber Leben und Bewußtsein in die Welt gebracht hat. Die Aufgabe des Menschen ist, sich so zu verhalten, daß seine Seele wieder zu ihrem Ausgangspunkt, zu Gott, zurückkehren kann.

Damit kommen wir zu dem **praktischen Teil** der Lehren der Gîtâ. Hier stehen sich nun die beiden Heilswege gegenüber, von denen der eine in dem Rückzug aus dem weltlichen Leben und in dem Streben nach der Erkenntnis, der andere in pflichtgemäßem, wunschlosem Handeln besteht. Obwohl der zweite Weg mehrfach (III. 8, V. 2, XVIII. 7) als der bessere bezeichnet wird und nach dem ganzen Zusammenhang der Gîtâ als das eigentliche Sittlichkeitsideal der Dichtung zu betrachten ist [1]), hat der Verfasser, der nach dem oben S. 55 Gesagten für mich auch in den praktischen Lehren ein getreuer Interpret des Bhâgavata-Glaubens seiner Zeit ist, doch nicht gewagt, den Heilsweg der Weltentsagung und der abstrakten Erkenntnis zu verwerfen. Die Vorstellung, daß die Erlösung aus dem Kreislauf des Lebens durch Meditation in völliger Weltabgeschiedenheit zu gewinnen sei, war schon seit Jahrhunderten in den nachdenklichen Kreisen des indischen Volkes so eingewurzelt, daß sie nicht mehr ernstlich bekämpft werden konnte. Es blieb nicht anderes übrig als die beiden Wege nebeneinander gelten zu lassen und zu lehren, daß sowohl das rechte Handeln wie die Erkenntnis, die das Aufgeben der Werke, das Nichthandeln zur Voraussetzung hat, zur Erlösung führe. Dadurch, daß in der Gîtâ bald der eine, bald der andere Standpunkt vertreten und gelegentlich geradezu das Ideal des Quietismus über das der Aktivität gestellt ist (VI. 3), haben sich allerlei Inkonsequenzen und Unklarheiten ergeben, die bei entschiedener Ablehnung des quietistischen Standpunkts hätten vermieden werden können. Die beiden Standpunkte sind in der Gîtâ einander angeähnlicht durch die Erklärung, daß das pflichtmäßige Werk, welches ohne jede Rücksicht auf den Erfolg und ohne jedes persönliche Interesse vollbracht wird, seine nachwirkende Kraft verliert, für den Täter also keine Fortdauer des Weltdaseins im Gefolge hat. Derartiges Handeln kommt mithin in dieser Hinsicht dem Nichthandeln des Erkenntnisweges gleich.

Die auf dem quietistischen Heilsweg zu erreichende Erkenntnis wird an mehreren Stellen der Gîtâ (XIII. 23,

[1]) Vgl. auch den sogenannten Quintessenz-Vers XI. 55 (oben S. 21 Anm. 2).

XIV. 19) vollkommen im Sinne des Sâṃkhya-Systems beschrieben, als Unterscheidung von Geist und Materie; und als Erfolg dieser Unterscheidung wird XIII. 23 ohne Rücksicht auf das Verhalten des Erkennenden die Befreiung von der Notwendigkeit der Wiedergeburt in Aussicht gestellt. Das darf als eine vereinzelte Anerkennung des echten Sâṃkhya-Ideals betrachtet werden. Im allgemeinen ist nach der Auffassung der Bhag. die erlösende Erkenntnis nicht auf die Unterscheidung von Geist und Materie beschränkt, sondern diese Unterscheidung darf nur als eine Vorbedingung der Gotteserkenntnis betrachtet werden, die erst in Wahrheit den Menschen zum höchsten Heile führt.

Der andere Heilsweg, die selbstlose Pflichterfüllung, wird in den verschiedensten Wendungen auf Schritt und Tritt in der Bhag. gepredigt. Die Pflichterfüllung allein würde nicht zum Ziele führen, solange sie noch irgendwie von der Hoffnung auf den Erfolg begleitet ist. Man soll das Gebotene tun ohne Leidenschaft, in Ruhe und Gleichmut, von derselben Gesinnung gegen Jedermann erfüllt, Angenehmes und Unangenehmes, Freude und Schmerz, Gelingen und Mißlingen für gleich erachtend, ohne jeden Wunsch und ohne irgend ein persönliches Interesse. Wer in solcher Gemütsstimmung handelt, ohne sich um die vergänglichen Wirkungen der Materie zu kümmern (II. 14), lediglich nach dem Gebote der Pflicht und nach göttlichem Vorbild (III. 22), wer den Erfolg aller seiner Werke Gott überläßt, dessen Werke unterliegen nicht dem Gesetz der Vergeltung (IV. 22, 23, IX. 27, 28, XVIII. 12, 17). Die Forderungen, die hier gestellt sind, bedingen die Verwerfung des vedischen Werkdienstes, die in der ursprünglichen Gîtâ ohne jede Einschränkung ausgesprochen ist[1]). Alle Zeremonien des brahmanischen Rituals dienen ja durchaus persönlichen Wünschen, stehen also in schroffem Gegensatz zu dem Sittlichkeitsideal der Gîtâ. „Gib alle

[1]) Vgl. oben S. 21.

frommen Bräuche auf“, heißt es deshalb XVIII. 66, und II. 42—45 wird mit offenem Hohn von den Verheißungen des Veda gesprochen, der nur auf die materielle Welt Bezug nehme und nur vergänglichen Lohn in Aussicht stellen könne (vgl. auch IX. 20, 21). Gleichgiltigkeit gegen das, was die Śruti lehrt, ist also ebenfalls eine Vorbedingung für die Erreichung des Heils (II. 52, 53). Daß auch in dieser Forderung echte Sâṃkhya-Lehre vorliegt, braucht kaum erwähnt zu werden.

Welchen der zwei Heilswege nun aber auch der Mensch betreten möge, in beiden Fällen muß er ein in seiner Naturanlage liegendes Hindernis überwinden. Wenn III. 33 gesagt ist, daß „die Wesen ihrer Natur folgen“, und wenn XVI. 1 fg. zwischen denjenigen Menschen unterschieden wird, die zu göttlichem Dasein, und denen, die zu dämonischem Dasein geboren sind, so ist diese Vorherbestimmung als eine Wirkung des früheren *karman* aufzufassen. Von einer eigentlichen Prädestination ist in der Gîtâ keine Rede; vielmehr ist durchweg in ihr die Voraussetzung sittlicher Freiheit erkennbar. Es steht durchaus dem Menschen frei, ob er die Hindernisse, die auf dem Wege zur Erlösung liegen, bekämpfen will oder nicht, ob er niederen Zielen oder dem höchsten Ziele zustreben will. Auf dem Wege zu dem letzteren stellt sich dem *jñânayoga* das angeborene Nichtwissen entgegen (V. 15), dem *karmayoga* die ebenso angeborene Begierde, die der eigentliche Feind des Menschen ist (III. 37, 43); aber auch Unglaube und Zweifelsucht sind verderblich (IV. 40). Als ein Hilfsmittel zur erfolgreichen Bekämpfung dieser Hindernisse werden maßvolle Yoga-Übungen anempfohlen (V. 27, 28, VI. 10 fg., VIII. 10, 12 fg.). Auch wem die Versenkung nicht gelingt, dessen Yoga-Übungen sind trotzdem nicht vergeblich; denn solch ein Mann wird unter günstigen Bedingungen wiedergeboren und erreicht schließlich doch das höchste Ziel (II. 40, VI. 41 fg.).

Zu der wichtigsten Anforderung, welche die Gîtâ an den erlösungsbedürftigen Menschen stellt, komme ich jetzt zum Schluß. Wie bekannt, ist die Bhag. das Hohelied der *bhakti*, der gläubigen und vertrauensvollen Gottesliebe. Sowohl auf dem Wege der Erkenntnis wie auf dem der selbstlosen Pflichterfüllung führt die Liebe zu Gott mit unbedingter Sicherheit zum Ziel. Von diesem Gedanken ist das ganze Gedicht erfüllt, um ihn zu verkünden ist es verfaßt worden. Aus der Gottesliebe entspringt die Gotteserkenntnis (XVIII. 55), und sie bewirkt ebenso, daß der Gläubige alle Werke auf Gott bezieht und ihm den Erfolg anheimstellt. Jedem ohne Unterschied der Geburt oder des früheren Verhaltens gewährt die *bhakti* die Gewißheit der Erlösung: selbst Bösewichten, Frauen, Vaiśyas und Śûdras (IX. 30—32). Aber nicht um eine vorübergehende Regung von Gottesliebe darf es sich handeln, sondern das ganze Wesen des Menschen muß von unwandelbarer (*ananya*, *avyabhicârin*) [1]) Gottesliebe erfüllt sein. Wenn das der Fall ist, so sind auch die Gedanken des Menschen in der Todesstunde auf Gott gerichtet. Auf diesen Punkt wird in der Gîtâ (VIII. 5, 9, 10, 13) besonderes Gewicht gelegt, weil der Mensch in diejenige Daseinsform (*bhâva*) eingeht, an die er in der Todesstunde denkt (VIII. 6) [2]).

Wie ist nun der Zustand der aus dem Weltdasein befreiten und zu Gott eingegangenen Seele zu verstehen? Als Bewußtlosigkeit, wie im Sâṃkhya-Yoga gelehrt wird? Erlischt die Individualität der Seele, die einstmals als ein Teil der göttlichen Seele sich von dieser getrennt hat, bei der Rückkehr zu ihrem Ursprung? Die meisten Ausdrücke, welche die Gîtâ von dem Dasein des Erlösten gebraucht, sind farblos und tragen nichts zur Beantwortung dieser Frage bei: *siddhi* (XII. 10, XVI. 23), *parâ siddhi* (XIV. 1), *parâ* oder *paramâ gati* (VI. 45, VIII. 13, IX. 32, XVI. 22, 23), *pada anâmaya*

---

¹) *ananya* VIII. 8, 14, (22); IX. 13, 22, 30; XI. 54; XII. 6; XIII. 10; *avyabhicârin* XIII. 10; XVIII. 33.

²) Über die Wirkungen dieser Anschauung vgl. Barth, Religions de l'Inde, 136.

(II. 51) und *śâśvata pada avyaya* (XVIII. 56). Daneben bezeichnet die Bhag. jedoch den Zustand der erlösten Seele auch mehrfach als Ruhe (*śânti*) oder als höchste Ruhe (*parâ* oder *naiṣṭhikî śânti* IV. 39, V. 12, XVIII. 62), und damit meint sie nicht das Erlöschen des Bewußtseins für alle Ewigkeit, sondern den Zustand glückseligen Friedens der in der Gegenwart Gottes individuell fortexistierenden Seele. Wie freilich eine Seele ohne Beziehung zur Materie nach den Voraussetzungen des Sâṃkhya-Yoga ein bewußtes Dasein führen kann, darüber gibt die Bhag. keine Auskunft. Offenbar handelt es sich hier um eine Anschauung, die aus den ältesten Zeiten der Bhâgavata-Religion stammt und von jeher eine Stütze dieses Glaubens gebildet hat; deshalb durfte sie bei seiner Verbrämung mit Elementen des Sâṃkhya-Yoga nicht von der entgegengesetzten Lehre der beiden Systeme verdrängt werden. Über die methodischen Schwierigkeiten, die sich dabei ergaben, half die gläubige Zuversicht hinweg.

Daß nun in der Tat der Verfasser der Bhag. unter dem Eingehen der erlösten Seele zu Gott eine bewußte individuelle Fortdauer verstanden hat, läßt sich aus folgenden Stellen des Gedichts beweisen. VII. 23 sagt Kṛṣṇa: „Die den Göttern opfern, gehen zu den Göttern ein, während meine Verehrer zu mir eingehen", und IX. 25 wiederholt er dieselbe Verheißung etwas ausführlicher. Daß nun das Eingehen zu den Devâs (oder Pitaras und Bhûtâni IX. 25) lediglich die bewußte Fortdauer eines individuellen Wesens bezeichnen kann, ist klar. Wird daneben von dem Eingehen zu Kṛṣṇa (oder Gott) gesprochen, so kann wegen des Parallelismus und wegen der Übereinstimmung des Ausdrucks (*yâ* mit dem Accus.) unter diesem Eingehen nicht etwas anderes verstanden worden sein. Wer aber doch diesen Schluß anzweifeln wollte, den verweise ich auf XIV. 2, wo die Erlösten von Gott mit den Worten *mama sâdharmyam âgatâḥ* beschrieben werden „welche die Wesensgleichheit mit mir erreicht haben" [1]).

[1]) Durch diese Stelle findet der synonyme Ausdruck *mad-*

Sâdharmya bedeutet nicht Einheit, Einssein, Identität (*aikya*, *aikâtmya*, *tâdâtmya*), sondern qualitative Gleichheit. Daraus geht hervor, daß die Erlösung nach der Bhag. als Erhebung der Seele zu gottähnlichem Dasein, als individuelle Fortdauer in der Gegenwart Gottes zu denken ist. In demselben Sinne läßt sich ferner anführen, daß XVI. 23 der Zustand des Erlösten neben *siddhi* und *parâ gati* auch als *sukha* „Wonne, Seligkeit" bezeichnet wird.

Die hier kurz entwickelten Lehren sind nicht nur in der Bhag., sondern auch an manchen anderen Stellen des Mbh. vorgetragen, und namentlich darf der ganze Anschauungskreis der überarbeiteten, vedântisierten Gîtâ nicht als etwas im Mbh. vereinzelt dastehendes betrachtet werden [1]). Ich glaube aber, die Vermutung ist nicht zu kühn, daß die Bhag. die Quelle ist, von der aus sich diese Lehren in andere Teile des Epos ergossen haben, abgesehen von den oben S. 22 erwähnten Anlehnungen und Nachbildungen, die deutlich als solche erkennbar sind.

Ich habe nun noch ein paar Worte über die Frage nach dem buddhistischen und dem christlichen Einfluß in der Bhag. zu bemerken. Buddhistische Einwirkung könnte man in der Empfehlung der goldenen Mittelstraße VI. 16, 17 erblicken und diese Annahme durch den Hinweis auf das Vorkommen des Wortes *nirvâṇa* in dem vorangehenden Verse VI. 15 stützen. Da aber die Verwendung von *nirvâṇa* bekanntlich durchaus nicht auf den buddhistischen Sprachgebrauch beschränkt ist (*brahmanirvâṇa* kommt viermal in der Überarbeitung der Gîtâ vor) und da der Gedanke des weisen Maßhaltens sich aus allgemein menschlichen Erwägungen erklärt, so darf der buddhistische Einfluß an dieser Stelle als sehr zweifelhaft gelten, höchstens als auf

bhâvam âgatâḥ „sind in mein Wesen eingegangen" IV. 10 seine Erklärung.

[1]) Vgl. Hopkins, Religions of India 401 oben, Winternitz, Gesch. d. ind. Litt. I. 376.

sehr ferner Vermittlung beruhend. Und der Pessimismus, der XIII. 8 zum Ausdruck kommt, wird nicht auf buddhistischen Einfluß zurückzuführen, sondern aus den Anschauungen der Sâṃkhya-Philosophie abzuleiten sein, die in dieser wie in anderen Hinsichten die Grundlage des Buddhismus bildet [1]).

Wichtiger ist die Frage nach dem Einfluß des Christentums auf die Bhag., der oft behauptet und oft bestritten worden ist. In der ursprünglichen aber ebenso auch in der überarbeiteten Gîtâ ist der christliche Einfluß für mich schon nach ihrem Alter ausgeschlossen, da die erste Bekanntschaft mit christlichen Lehren an der Nordwestgrenze Indiens nicht vor dem Anfang des 3. Jhdts. anzunehmen ist. Ich erinnere auch an das, was ich oben S. 40 fg. für den echt indischen Ursprung der *bhakti* geltend gemacht habe. Mir ist in der Gîtâ kein Gedanke begegnet, der sich nicht aus dem reichen Ideenschatze oder aus der eigentümlichen geistigen Anlage des indischen Volkes befriedigend erklären ließe. Ich stehe in dieser Frage genau auf dem entgegengesetzten Standpunkt wie F. Lorinser, der in der Einleitung, den Anmerkungen und dem Anhang zu seiner metrischen Übersetzung der Bhag. (Breslau 1869) mit einem Ernst und Eifer, der auch dem Gegner Achtung abnötigt, seine Überzeugung verficht, „daß der Verfasser der Bhagavadgîtâ nicht nur die Schriften des Neuen Testaments gekannt und vielfach benutzt, sondern auch in sein System überhaupt christliche Ideen und Anschauungen verwoben hat" (S. V). Lorinser will sogar nachweisen können, aus welchen Schriften des Neuen Testaments mehr und aus welchen weniger „Sentenzen entlehnt sind", daß „die sämtlichen Briefe des heil. Paulus mit Ausnahme der an die Thessalonicher und an Philemon benutzt worden sind" (S. 285) und dergl. mehr. Lorinser war gewiß ein guter Theologe;

[1]) Die Behandlung dieser Frage durch Telang, Introduction 24 fg., beruht auf der irrigen Voraussetzung, daß die Gîtâ älter als der Buddhismus sei.

aber hier hatte er sich auf ein ihm nicht genügend vertrautes Gebiet begeben. Daß die indischen Worte bei ihm sehr oft in falscher Orthographie, und mit falschem Artikel erscheinen, ist nicht eine bloße Äußerlichkeit, sondern ein Symptom dafür, daß er nicht mit den nötigen philologischen Kenntnissen ausgerüstet war, um über indische Dinge zu urteilen. Wäre Lorinser mit der Geschichte der indischen Geistesentwicklung näher vertraut gewesen, so würde er aus den von ihm gesammelten „Übereinstimmungen" nicht so überaus kühne Schlußfolgerungen gezogen haben. Diese Übereinstimmungen sind zum größten Teil ganz vager Natur; es handelt sich um Anklänge in Gedanken und Ausdruck, die in dem ähnlichen Grundzug des Neuen Testaments und der Bhagavadgîtâ ihre Erklärung finden. Selbst Weber, der geneigt war christlichen Einflüssen in Indien ein weites Feld einzuräumen, sagt Ind. Literaturgesch.[2] 367, daß Lorinser die Tragweite seiner Beweisführung viel zu hoch angeschlagen habe, und daß die Frage, ob für die Bhagavadgîtâ eine Bekanntschaft mit den Lehren des Christentums anzunehmen sei oder nicht, noch immer sub judice sei. Außerdem ist Lorinser's Theorie von so berufenen Sachkennern wie E. Windisch, John Muir, Max Müller, Barth, C. P. Tiele, Winternitz und Telang mit solcher Entschiedenheit bekämpft worden[1]), daß ich auf eine Widerlegung im Einzelnen verzichten kann.

Von den neueren Indologen hat allein Hopkins (India old and new 148 fg.) durch Zusammenstellung einer großen Zahl von Parallelen aus der Bhag. und dem Neuen Testament, besonders dem Evangelium Johannis, einen „beinahe zwingenden Beweis" für die Abhängigkeit der Bhag. vom Christentum führen zu können geglaubt. Auch in anderen Teilen des Mahâbhârata außer der Śvetadvîpa-Legende erscheint Hopkins (a. a. O. 150 fg.) christlicher Einfluß möglich oder wahrscheinlich. Wie völlig grundlos

[1]) Vgl. A. Holtzmann, das Mahâbhârata und seine Teile II. 152.

dies alles ist, habe ich (Indien und das Christentum 200 fg., 246 fg.) erwiesen.

IV. DAS ALTER DER BHAGAVADGÎTÂ.

Zu denjenigen Arbeiten, die das Verständnis der Bhag. am meisten gefördert haben, gehört ohne Zweifel K. T. Telang's englische Übersetzung des Gedichts in den Sacred Books of the East Vol. VIII (Oxford [2] 1898). Der Versuch Telang's aber, für die Bhag. ein hohes Alter — ein höheres als für Âpastamba's Dharmasûtra — zu erweisen, hat mit Recht bei den europäischen Indologen keinen Beifall gefunden. Telang kommt in der Einleitung zu seiner Übersetzung S. 34 nach eingehender Erörterung zu dem Schluß, daß die Gîtâ unter allen Umständen älter sein müsse als das 3. Jahrhundert vor Chr., obwohl man nicht sagen könne, um wie viel. Da wir nun durch Bühler's Untersuchungen wissen, daß das Âpastamba Dharmasûtra in das 4. oder 5. Jahrhundert vor Chr. zu setzen ist [1]), so müßte nach Telang's Beweisführung die Gîtâ mindestens in das 5. Jahrhundert vor Chr. gehören.

Die ganze Beweisführung Telang's ist von Böhtlingk in dem Eingange seiner „Bemerkungen" kritisch geprüft und als vollkommen haltlos erwiesen worden. Telang's Beweise sind in der Tat so schwach, daß man sich wundern müßte, wie ein Mann von seiner Gelehrsamkeit und seinem Scharfsinn ihre Hinfälligkeit nicht erkannt hat, wenn nicht ein psychologisches Moment die Erklärung dafür böte. Für Telang ist es wie für jeden Hindu, auch den aufgeklärten, ein Herzensbedürfnis, an ein so hohes Alter der Bhag. zu glauben. Und wo derartige Bedürfnisse mächtig sind, hört bekanntlich die Kritik auf. Ähnlich wie bei Telang wird es bei R. G. Bhandarkar stehen, der im Grundriß III. 6, S. 13 mit einer ex silentio geführten Begründung von der Bhag. sagt: „it was composed not

[1]) S. Bühler's Einleitung zu seiner Übersetzung des Werkes SBE. Vol. XIV.

later than the beginning of the fourth century before the Christian era"; denn, wenn Bhandarkar's Begründung überzeugend wäre, würden wir aus ihr als untere Grenze für die Abfassung der Bhag. nur das 2. Jhdt. vor Chr. gewinnen.

Die Aufgabe, die Gîtâ zu datieren, ist wohl von Jedem, der sie ernstlich zu lösen versucht hat, als recht schwierig erkannt worden; und die Schwierigkeiten wachsen, wenn die Aufgabe sich verdoppelt und es gilt, das Zeitalter sowohl der ursprünglichen Bhag. als auch ihrer Umarbeitung zu bestimmen. Ich fürchte, daß hier überhaupt nicht Gewißheit, sondern nur Wahrscheinlichkeit zu gewinnen ist.

Nehmen wir zunächst die Gîtâ in ihrer überlieferten Gestalt, so können wir zur Feststellung der unteren Grenze alle Zeugnisse für ihre Existenz, die jünger als Kâlidâsa sind, außer Betracht lassen. Kâlidâsa ist der älteste Autor, der auf die Bhag. Bezug nimmt, und daß er es tut, ist von Telang (Introd. 29) festgestellt worden. Von den beiden Beweisstellen [1]), die Telang anführt, ist vornehmlich die zweite überzeugend, Kumârasaṃbhava VI. 67, wo Aṅgiras zu dem Himâlaya sagt: *sthâne tvâṃ sthâvarâtmânaṃ Viṣṇum âhur manîṣiṇaḥ* „Mit Recht nennen die Weisen dich Viṣṇu in Bergesform". Hier ist die (auch von dem Kommentator Mallinâtha anerkannte) Beziehung auf Bhag. X. 25 nach Form und Inhalt unverkennbar. Für Kâlidâsa, den man mit Jacobi, Kielhorn u. a. bis über die Mitte des 5. Jahrhunderts nach Chr. wird hinaufrücken müssen [2]), war also die Gîtâ eine Autorität; wir dürfen mithin als untere Grenze für sie etwa 400 nach Chr. ansetzen.

---

1) An erster Stelle ist Raghuvaṃśa X. 31 zu lesen, nicht 67, wie bei Telang steht.

2) Sten Konow, Indien 103, das indische Drama (Grundriß II. 2 D, S. 61) setzt Kâlidâsa schon in die Regierungszeit Candragupta's II (375—413); doch macht Hillebrandt, Kalidasa 13, darauf aufmerksam, daß dieser Ansatz wegen des im Raghuvaṃśa erwähnten Sieges über die Hûṇas, den Skandagupta nach seiner Thronbesteigung im Jahre 455 errang, zu frühzeitig ist.

Nun ist aber nicht daran zu denken, daß die überlieferte Gîtâ erst aus einer Zeit stammt, die der festzustellenden unteren Grenze sehr nahe liegt. Die Umarbeitung des Gedichts gehört derjenigen Periode in der Entwicklung des Mbh.-Textes an, die Hopkins, Great Epic 398, von 200 vor Chr. bis 100—200 nach Chr. ansetzt (Remaking of the epic with Krishna as all-god, intrusion of masses of didactic matter, addition of Puranic material old and new); es darf aber die überlieferte Gîtâ erst in die zweite Hälfte dieser Periode verlegt werden, weil eine beträchtliche Zeit verflossen sein mußte, bis man wagen konnte, ein Werk, das als Offenbarung der Gottheit galt und von dem Nimbus der höchsten Heiligkeit umgeben war, durch eine so eingreifende Überarbeitung und Ergänzung umzugestalten. Jedenfalls kann die Überarbeitung nicht früher als im 1. oder 2. Jahrhundert nach Chr. vorgenommen worden sein; und wenn ich mich für das 2. Jahrhundert nach Chr. entscheide, so setze ich die überlieferte Gîtâ immer noch etwas höher an, als gewöhnlich zu geschehen pflegt und als z. B. John Davies, The Bhagavad Gîtâ [2] 183, 194, 200, getan hat, der für die Abfassung der Bhag. mit Lassen und Weber das 3. Jahrhundert nach Chr. annimmt [1]). Wesentlich jünger

[1]) Die mannigfachen Übereinstimmungen, welche die Gîtâ in Gedanken und Ausdruck mit den Upaniṣads der älteren und mittleren Schicht zeigt, beweisen nichts für das Alter des Gedichts, da es sich hier ja einfach um Anlehnungen der Gîtâ an Texte von zum Teil erheblich höherem Alter handelt. Telang hat in den Anmerkungen zu seiner Übersetzung in SBE. VIII auf zahlreiche Parallelen mit der Bṛhadâr., Chând., Kauṣ., Îśâ, Kaṭha, Muṇḍ., Praśna, Maitr. und Śvet. Up. hingewiesen; aber wörtliche oder fast wörtliche Entlehnungen von Versen oder Versteilen beschränken sich, so viel ich sehe, auf die Kaṭha und Śvet. Up.:

Bhag. II. 19 = Kaṭh. II. 19.
„ II. 20 = Kaṭh. II. 18.
„ III. 42 = Kaṭh. III. 10 (vgl. VI. 7).
„ V. 13 = Śvet. III. 18.
„ VIII. 9 = Śvet. III. 8.
„ VIII. 11 = Kaṭh. II. 15.

kann die Bhag., wie sie uns vorliegt, nicht sein; das lehrt die Entwicklungsgeschichte des Mbh.-Textes. Es kommt also hauptsächlich darauf an, nach weiteren Gründen dafür zu suchen, daß sie nicht älter ist. Solche Gründe werden von den nachfolgenden Beobachtungen geliefert.

In dem Verse Bhag. XIII. 22, der der Umarbeitung angehört, und Nṛsiṃhatâp. Up. II. 9. 2 stehen nebeneinander die Worte *upadraṣṭṛ* „Zuschauer“ und *anumantṛ* „Gewährer“, von denen das letztere so selten ist, daß man den historischen Zusammenhang der zwei Stellen nicht bezweifeln kann. Wie bei allen anderen Beziehungen zur Upaniṣad-Literatur die Bhag. der entlehnende Teil ist, so haben wir auch in diesem Falle in der Stelle der Nṛsiṃhatâp. Up. die Vorlage und in dem ersten Viertel von Bhag. XIII. 22 die Kopie zu sehen, weil das Wort *anumantṛ* als Bezeichnung einer Form des höchsten Geistes in der Nṛsiṃhatâp. Up. durch den ganzen Inhalt des Textes in seiner Originalität geschützt ist; denn *anumantṛ* ist synonym mit dem sonst in dieser Upaniṣad gebrauchten *anujñâtṛ*, wie eine Form des Âtman stehend in dem zweiten Teile genannt wird (II. 2. 8, 10, 13, 14; 3. 1, 6, 14; 8. 6, 7; 9. 33, hier *anujñâtṛ* neben *upadraṣṭṛ*). Nun hat Weber, Ind. Lit. Gesch.[2] 186, die Nṛsiṃhatâp. Up. in das 4. Jahrhundert nach Chr. gesetzt, aber später Ind. Stud. IX. 62, 63 diese Datierung nur mit Vorbehalt wiederholt. In Wirklichkeit geht aus Weber's Ausführungen an letzterer Stelle hervor, daß der Grund, auf den Weber seine Datierung gestützt hat, nicht stichhaltig ist. Weber hat bei manchen indischen Werken die Neigung gehabt, sie zeitlich herabzudrücken, und das gilt auch von der Nṛsiṃhatâp. Up. Immerhin wird man diese sekundäre

---

Bhag. XIII. 13, 14 = Śvet. III. 16, 17.
„ XV. 1 = Kaṭh. VI. 1.

Für die Datierung der Bhag. ließen sich nur Beziehungen zu jüngeren Upaniṣads verwerten, wie auch ich gleich eine solche Beziehung zu der Nṛsiṃhatâp., einer unzweifelhaft sekundären Upaniṣad, in diesem Sinne benutzen werde.

Up. — und zumal das später hinzugefügte Uttaratâpanîya, das als Quelle für den angeführten Gîtâ-Vers in Betracht kommt — erst in nachchristlicher Zeit ansetzen dürfen; und ihre Benutzung durch den Bearbeiter der Bhag. spricht dafür, daß dieser jedenfalls nicht früher als im 2. Jahrhundert nach Chr. gelebt hat.

In dieselbe Richtung weist die treffende Wahrnehmung von John Davies, The Bhagavad Gîtâ ² 192 fg., daß unser Gedicht durch mythologische und selbst sprachliche Beziehungen mit der Purâṇa-Literatur verbunden ist: „In fact, it is impossible to read the Bhagavad Gîtâ and the Purâṇas without feeling that we are treading upon the same ground". Von der lange Zeit herrschend gewesenen Anschauung, daß die Purâṇas eine junge, an das Mbh. sich anschließende Literaturgattung darstellen, dürfte man jetzt wohl allgemein zurückgekommen sein, seitdem Hopkins [1]) darauf hingewiesen hat, daß die 18 Purâṇas vor der Vollendung des Mbh. bekannt gewesen sind. Trotzdem wird die Übereinstimmung in dem Charakter der Bhag. und der Purâṇas als ein Grund dafür angesehen werden können, daß die überlieferte Gîtâ nicht vor das 2. Jahrhundert nach Chr. gesetzt werden darf.

In diesem Sinne möchte ich auch noch eine sprachliche Beobachtung anführen. Der Vers Bhag. X. 25, der der Umarbeitung angehört, enthält das Wort *Himâlaya*, die neuere Form für das ältere *Himavat*, das sich übrigens bekanntlich auch bis in spätere Literatur hinein gehalten hat. Nach dem Ausweis des PW. ist Kâlidâsa der älteste datierbare Autor, der die Form *Himâlaya* (und ähnliche Neubildungen: *Himagiri*, *Himâdri*) verwendet. Wenn nun auch das Wort *Himâlaya* schon vor Kâlidâsa gebraucht worden sein kann, so macht doch seine Verwendung einen verhältnismäßig jungen Eindruck. Im Ganzen glaube ich also, wenn ich auch keinen zwingenden Beweis führen kann, mit der Ansetzung der umgearbeiteten

¹) Am. Or. Soc., Proc. Oct. 1888, 5, Great Epic 48.

Gîtâ im 2. Jahrhundert nach Chr. nicht erheblich fehl zu gehen.

Das Alter der ursprünglichen Gîtâ genauer festzustellen, fehlen die kritischen Handhaben erst recht. Daß die echte Gîtâ wesentlich älter sein muß als die vedântistische Überarbeitung, liegt auf der Hand. Man könnte zunächst daran denken, aus Übereinstimmungen mit dem Mânava Dharmaśâstra ein chronologisches Ergebnis zu gewinnen. Auf Parallelen zwischen Manu's Gesetzbuch und der Bhag.[1]) ist schon W. v. Humboldt aufmerksam geworden; aber es gibt nur einen Vers, der (mit unwesentlichen Abweichungen) beiden Werken gemeinsam ist: Bhag. VIII. 17 und Manu I. 73. Telang hat in der Einleitung zu seiner metrischen Übersetzung der Bhag. S. 115[2]) richtig erkannt, daß das Gesetzbuch den Vers der Bhag. entnommen hat; denn in der trockenen lehrhaften Darstellung der kosmogonischen Stadien bei Manu ist dieser Vers, in dem die Weisen gerühmt werden, welche die Länge des Brahman-Tages und der Brahman-Nacht kennen, ein störender Einschub, während er seinem ganzen Charakter nach in die Bhag. hineingehört. Aber viel ist mit dieser Erkenntnis nicht gewonnen. Wenn Bühler in der Einleitung zu seiner Übersetzung des Mânava Dharmaśâstra es wahrscheinlich gemacht hat, daß die untere Grenze für den überlieferten Manu-Text das 2. Jhdt. nach Chr. ist, und wenn auch Jolly (Recht und Sitte, im Grundriß II. 8, S. 16) zu dem Ergebnis gekommen ist, daß dieser Text kaum später als in das 2. bis 3. Jhdt. nach Chr. zu setzen ist, so werden wir uns dieser Datierung der beiden besten Kenner der indischen Rechtsliteratur anschließen dürfen. Dann aber können wir nur sagen, daß die ursprüngliche Bhag. sich schon große Berühmtheit verschafft haben mußte, um bei der Schlußredaktion des Manu-Textes benutzt zu werden. Die

[1]) Zusammengestellt bei A. Holtzmann, das Mahâbhârata und seine Teile IV. 127 oben.

[2]) Bei Holtzmann am eben angeführten Orte.

untere Grenze für die Abfassung der ursprünglichen Gîtâ würde also etwa das 1. Jhdt. nach Chr. sein; aber es ist doch wahrscheinlich ein etwas höheres Alter für sie anzunehmen.

In der ersten Auflage dieses Büchleins habe ich aus einem anderen Grunde geglaubt, die Abfassung der ursprünglichen Gîtâ in die erste Hälfte des 2. Jhdts. vor Chr. verlegen zu können. Wenn auch diese Datierung an sich nicht unwahrscheinlich ist, so kann ich doch ihre Begründung, die aus dem Alter der Yogasûtras abgeleitet war, nicht mehr aufrecht erhalten. Immerhin besteht, wie wir unten sehen werden, die Möglichkeit, daß diese Begründung später einmal wieder zu ihrem Rechte kommen wird, und ich will sie deshalb nicht der Vergessenheit anheim fallen lassen, sondern hier anführen, was ich in der ersten Auflage darüber gesagt habe.

Ich war von Bhag. IV. 2, 3, einer Stelle, die von Jedermann für echt gehalten wird, ausgegangen. Kṛṣṇa sagt dort, daß im Laufe der Zeit die Yoga-Lehre auf Erden in Vergessenheit geraten und heute aufs neue von ihm dem Arjuna verkündigt worden sei. Daran hatte ich die folgende Erwägung geknüpft, die auf der damals (1905) herrschenden Anschauung von der Identität des Grammatikers und des Yoga-Lehrers Patañjali beruhte:

> „Wie verhält es sich nun in Wirklichkeit mit dem Alter und dem Geschick der Yoga-Lehre? Daß sie vorbuddhistisch ist, steht nach den Untersuchungen von Kern (Buddhismus I. 470 fg.) und Jacobi (Nachr. d. Gött. Ges. d. Wiss. 1896, 45 fg.) fest [1]. Aus der Zeit zwischen Buddha und Patañjali wissen wir nichts erhebliches über dieses System, und was Bhag. IV. 2 über das Zurücktreten der Yoga-Lehre gesagt ist (*sa kâlene 'ha mahatâ yogo naṣṭaḥ*), mag wohl der ge-

[1] Jetzt ist namentlich auch Hermann Beckh zu nennen, der in seinem „Buddhismus" (Sammlung Göschen, 1916), besonders in dem zweiten Bändchen, die Bedeutung des Yoga für den Ursprung und die Lehren des Buddhismus ausführlich dargestellt hat.

schichtlichen Wahrheit entsprechen. Die Abfassung der Yogasûtras durch Patañjali muß in annähernd derselben Zeit stattgefunden haben wie die des Mahâbhâṣya, d. h. in der Mitte oder in der zweiten Hälfte des 2. Jahrhunderts vor Chr. Ich wage nun zu behaupten, daß die Yogasûtras, in denen die Yoga-Lehre dargestellt und zu neuem Leben erweckt wurde, zu der Zeit, als die ursprüngliche Gîtâ gedichtet worden ist, entweder noch nicht existiert haben oder noch nicht zu allgemeiner Kenntnis und Anerkennung gelangt waren; sonst hätten Kṛṣṇa an der genannten Stelle der Bhag. nicht die eben herausgehobenen Worte über den Yoga in den Mund gelegt werden können. Denn der Dichter läßt auch bei Vorgängen, die in ferner Vergangenheit zu denken sind, seine Helden so reden, wie es den Anschauungen seiner eignen Zeit entspricht. Ich schließe also aus Bhag. IV. 2, 3, daß der Verfasser der echten Gîtâ die Yogasûtras nicht gekannt und daß er deshalb vor Patañjali gelebt hat, vermutlich in der ersten Hälfte des 2. Jahrhunderts vor Chr. Gegen ein wesentlich höheres Alter zeugt Inhalt und Sprache der Gîtâ.

Wollte man gegen diese Ausführungen geltend machen, daß es sich bei dem Yoga in der Bhag. ja um einen anderen Yoga handle als in den Yogasûtras, so ist darauf zu erwidern, daß die in der Bhag. vorliegende Umdeutung des Wortes *yoga* als „Hingebung, Ergebenheit" den echten Yoga-Begriff „Konzentration des Denkens" voraussetzt und daß in der Bhag. die Worte *yoga, yogin* noch oft genug in der ursprünglichen technischen Bedeutung gebraucht werden [1])."

Diese Begründung ist mit den Ergebnissen unvereinbar, die Jacobi in seiner bekannten scharfsinnigen Art JAOS. 31 (1911) S. 24 fg. aus philosophiegeschichtlichen Erwägungen gewonnen hat. Danach wäre der Verfasser der

[1]) S. oben S. 54, 55, 62.

Yogasûtras, Patañjali, nicht mit dem gleichnamigen Grammatiker identisch und könnte erst nach 450 n. Chr. geschrieben haben. Das Gewicht dieser Gründe ist von J. H. Woods, The Yoga-system of Patañjali (1914) S. XIII fg. verstärkt worden. Ich bekenne mich außerstande, sie zu widerlegen; aber ebenso muß ich bekennen, daß die philologisch-kritischen Gründe, die Bruno Liebich neuerdings in seiner Schrift „Zur Einführung in die indische einheimische Sprachwissenschaft. I. Das Kātantra" (1919) S. 7 fg. für die Identität des Yogalehrers Patañjali mit dem Grammatiker Patañjali vorgebracht hat, doch ihren Eindruck auf mich nicht verfehlt haben: Von den 7 Punkten Liebich's scheinen mir besonders der dritte, vierte und fünfte beachtenswert, d. h. das, was Liebich über die charakteristische Grammatikerlehre vom Sphoṭa sagt, die unter allen philosophischen Systemen nur beim Yoga volle Zustimmung gefunden hat, dann das auf den Stil der Yogasûtras bezügliche und die Übereinstimmung, die das Mahâbhâṣya und die Yogasûtras am Anfang aufweisen (*Atha śabdânuśâsanam — Atha yogânuśâsanam*). Hinzufügen möchte ich noch den Grund, der mich (Sâṃkhya-Philosophie [1] 43) bestimmt hatte, die Yogasûtras für älter als alle anderen philosophischen Sûtras zu erklären: daß nämlich die Yogasûtras das einzige philosophische Sûtra-Werk sind, welches das System entwickelt, ohne gegen die anderen Systeme zu polemisieren. Jedenfalls muß ich Liebich Recht geben, wenn er meint, daß eine weitere Prüfung der ganzen Frage angezeigt sei. Möge sie bald von berufener Seite erfolgen und endgiltig feststellen, welche Gründe — die philosophiegeschichtlichen Jacobis oder die philologisch-kritischen Liebich's — den Ausschlag geben. Sollte sich die alte Annahme der Identität des Grammatikers mit dem Yogalehrer Patañjali schließlich als richtig erweisen, so würde das auch für meine darauf gegründete Verlegung der ursprünglichen Bhagavadgîtâ in die erste Hälfte des zweiten Jahrhunderts vor Chr. gelten.

ÜBERSETZUNG.

ERSTER GESANG.

Dhṛtarâṣṭra sprach:

1. Was taten die Meinigen und die Pâṇḍavas, als sie sich auf dem heiligen Felde, auf dem Kuru-Felde, kampfbegierig versammelt hatten, o Saṃjaya?

Saṃjaya sprach:

2. Als König Duryodhana die Schlachtreihe der Pâṇḍavas aufgestellt sah, da trat er zu seinem Lehrer [1]) und sprach folgende Worte:

3. „Schau dieses große Heer der Pâṇḍu-Söhne, o Lehrer, wie es aufgestellt ist von deinem klugen Schüler, dem Sohne des Drupada, [d. i. Dhṛṣṭadyumna].

4. In ihm sind Helden, große Bogenschützen, die dem Bhîma und Arjuna im Kampfe gleichen: Yuyudhâna, Virâṭa und Drupada, der große Krieger;

5. Dhṛṣṭaketu, Cekitâna und der tapfere König der Kâśis; Purujit, Kuntibhoja und der heldenhafte König der Śibis;

6. Der mutige Yudhâmanyu und der tapfere Uttamaujas; der Sohn der Subhadrâ [2]) und die Söhne der Draupadî [3]), — alle große Krieger.

7. Nun aber vernimm [auch], o trefflichster Brahmane, wer die ausgezeichnetsten unter uns sind, die Führer [4]) meines Heeres; damit du sie kennest, nenne ich sie dir:

8. Du [selbst], Bhîṣma, Karṇa und Kṛpa, der Sieger im Kampf; Aśvatthâman, Vikarṇa und der Sohn des Somadatta [Bhûriśravas];

9. Und viele andere Helden, die um meinetwillen ihr Leben hingeben, mit verschiedenen Waffen kämpfend und alle im Streit erfahren.

10. [Trotzdem] ist dieses, unser von Bhîṣma befehligtes Heer nicht ausreichend, während das von Bhîma befehligte Heer jener ausreichend ist.

11. Und so möget ihr denn alle bei allen Vorgängen [5]), je auf eurem Platze stehend, vor allem Bhîṣma beschützen!"

---

[1]) D. h. zu dem Brahmanen Droṇa, der die Kaurava- und Pâṇḍava-Prinzen in dem Gebrauch der Waffen unterrichtet hatte.

[2]) Und des Arjuna, Abhimanyu mit Namen.

[3]) Und der fünf Pâṇḍavas.

[4]) Der Nominativ *nâyakâ[ḥ]*, an dem Böhtlingk Anstoß nimmt, steht als Apposition zu *viśiṣṭâ[ḥ]* in der vorigen Zeile.

[5]) Nach Böhtlingk (*ayaneṣu sarveṣu*).

12. Da, ihm Begeisterung erregend, stimmte sein [Duryodhana's] machtvoller Ahnherr [1]), der älteste der Kurus, [d. h. Bhîṣma] ein Löwengebrüll an und blies laut die Muschel.

13. Und darauf erschallten plötzlich Muscheln, Pauken, Trommeln, Tamburine und Trompeten; das Getöse ward gewaltig.

14. Da bliesen auch der Mâdhava [Kṛṣṇa] und der Pâṇḍava [Arjuna], auf dem großen, mit weißen Rossen bespannten Wagen stehend, in ihre himmlischen Muscheln:

15. Hṛṣîkeśa [Kṛṣṇa] in die Pâñcajanya, der Schätzeerbeuter [Arjuna] in die Devadatta. Der wolfsbäuchige [Bhîma], der Vollbringer furchtbarer Taten, blies die große Muschel Pauṇḍra;

16. König Yudhiṣṭhira, der Sohn der Kuntî, die Anantavijaya; Nakula die Sughoṣa und Sahadeva die Maṇipuṣpaka.

17. Auch der König der Kâśis, der treffliche Bogenschütze, und Śikhaṇḍin, der große Krieger, Dhṛṣṭadyumna, Virâṭa und der unbesiegliche Sâtyaki,

18. Drupada, die Söhne der Draupadî und der starkarmige Sohn der Subhadrâ [2]), sie bliesen von allen Seiten, o König, ihre Muscheln, jeder nach seiner Art.

19. Dieser gewaltige Lärm, der Himmel und Erde durchdröhnte, zerriß die Herzen der Leute Dhṛtarâṣṭra's.

20. Als nun der Pâṇḍava [Arjuna], der einen Affen im Banner führte, die Leute Dhṛtarâṣṭra's in Schlachtordnung dastehen sah, erhob er seinen Bogen, während die Geschosse begannen zu fliegen,

21. Und redete, o König, zu Hṛṣîkeśa folgende Worte.

Arjuna sprach:

Zwischen den beiden Heeren halte mir den Wagen an, o Unerschütterlicher,

22. So lange als ich diese kampfbegierig dastehenden mustere, mit wem ich kämpfen soll in dieser Kriegsarbeit.

23. Überschauen will ich sie, die hier zum Kampf versammelt sind, dem bösen Sohne Dhṛtarâṣṭra's [Duryodhana] im Kriege sich gefällig zu erweisen.

---

1) *pitâmaha* hier zur Bezeichnung des Großonkels.

2) S. die Anmerkungen zu v. 6.

Saṃjaya sprach:

24. So von Guḍâkeśa [d. i. Arjuna] angeredet, o Nachkomme des Bharata, hielt Hṛṣîkeśa den trefflichen Wagen zwischen den beiden Heeren an

25. Vor Bhîṣma, Droṇa und allen den Königen und sprach: „O Sohn der Pṛthâ [d. i. Arjuna], schau hin auf diese versammelten Kurus!"

26. Da sah der Sohn der Pṛthâ Väter, Großväter, Lehrer, Mutterbrüder, Brüder, Söhne, Enkel und Gefährten,

27. Schwäher und Freunde in beiden Heeren stehen. Als der Sohn der Kuntî[1]) [d. i. Arjuna] alle die Verwandten [dort] aufgestellt erblickte,

28. Ward er vom höchsten Mitleid erfüllt und redete, in Bestürzung geratend, also:

Arjuna sprach:

Wie ich diese meine Anverwandten, o Kṛṣṇa, kampfbereit [mir] gegenüber stehen sehe,

29. Erschlaffen meine Glieder und mein Mund wird ganz trocken, ein Zittern überfällt meinen Leib, und meine Haare sträuben sich,

30. Der [Bogen] Gâṇḍîva entfällt meiner Hand, und meine Haut glüht; ich bin nicht imstande zu stehen, und es ist, als ob mein Denken sich verwirrt;

31. Auch widrige Vorzeichen nehme ich wahr, o Schönhaariger; und kein Glück sehe ich erwachsen, wenn ich meine Anverwandten im Kampf töte.

32. Ich verlange nicht nach dem Sieg, o Kṛṣṇa, nicht nach der Herrschaft und [deren] Freuden. Was ist uns Herrschaft, o Herdenerbeuter, was Genüsse oder [selbst] das Leben!

33. Um derentwillen wir nach Herrschaft, Genüssen

[1]) Beiname der Pṛthâ.

und Freuden verlangen, eben die stehen im Kampf [uns gegenüber], Leben und Habe hingebend:

34. Lehrer, Väter, Söhne und Großväter, Mutterbrüder, Schwäher, Enkel, Schwäger und [sonstige] Verwandte.

35. Die will ich nicht töten, ob sie auch [mich] töten, o Madhu-Vernichter, selbst [nicht] um der Herrschaft über die drei Welten willen; wie viel weniger [allein] der Erde wegen!

36. Welche Freude kann uns zuteil werden, wenn wir die Angehörigen Dhṛtarâṣṭra's umbringen, o Bedränger der Menschen? Nur Sünde wird an uns haften, wenn wir diese töten, die [uns] nach dem Leben trachten.

37. Darum dürfen wir nicht die Angehörigen Dhṛtarâṣṭra's samt ihrer Sippe töten; denn wie könnten wir glücklich sein, nachdem wir unsere Anverwandten umgebracht haben, o Mâdhava?

38. Wenn auch jene mit ihrem von Habsucht erfüllten Sinn nicht das Verbrechen erkennen, das durch die Vernichtung der Familie begangen wird, und die Schuld, die in dem an Freunden geübten Verrat liegt,

39. Wie sollten wir nicht verstehen, von dieser Sünde uns frei zu halten, die wir das Verbrechen erkennen, das durch die Vernichtung der Familie begangen wird, o Bedränger der Menschen?

40. Mit der Vernichtung der Familie gehen die von Ewigkeit her bestehenden heiligen Bräuche der Familie zugrunde; und wenn der heilige Brauch zugrunde gegangen ist, dringt Gesetzlosigkeit in die ganze Familie ein [1]);

41. Infolge des Eindringens der Gesetzlosigkeit werden [auch], o Kṛṣṇa, die Frauen der Familie verdorben; [und] wenn die Frauen verdorben sind, so entsteht Vermischung der Kasten, o Sproß des Vṛṣṇi.

42. [Solche] Vermischung [aber] führt die Vernichter der Familie und die Familie [selbst] zur Hölle; denn ihre

[1]) D. h. in den ganzen überlebenden Rest der Familie.

Ahnen, die der Manenklöße und der Wasserspenden verlustig gehen [1]), fahren [aus dem Himmel] nieder [zur Hölle].

43. Durch diese Kastenvermischung bewirkenden Sünden der Familienvernichter werden die seit Ewigkeit geltenden heiligen Bräuche der Kaste und der Familie vertilgt;

44. Und daß der Aufenthalt in der Hölle sicher denjenigen Menschen beschieden ist, deren heilige Familienbräuche zugrunde gegangen sind, o Bedränger der Menschen, haben wir [aus der heiligen Überlieferung] gelernt.

45. Wehe! Wir waren Willens eine große Sünde zu begehen, als wir im Begriff standen, aus Begierde nach den Freuden der Herrschaft unsere Anverwandten zu töten.

46. Wenn die Angehörigen Dhṛtarâṣṭra's mit den Waffen in der Hand mich als widerstands- und waffenlosen im Kampfe töteten, das würde mir lieber sein.

Saṃjaya sprach:

47. Nach diesen Worten setzte sich Arjuna in der [schon begonnenen] Schlacht in den Schoß des Wagens nieder, den Bogen samt den Pfeilen fallen lassend, mit von Kummer erregtem Herzen.

ZWEITER GESANG.

Saṃjaya sprach:

1. Zu ihm, der so von Mitleid erfüllt mit tränenvollen, trüben Augen verzagte, sprach der Madhutöter folgende Worte:

Der Erhabene sprach:

2. Woher ist dieser Kleinmut in der Gefahr über dich gekommen, der Edlen mißfällt, den Weg zum Himmel verschließt und Schande bringt, o Arjuna?

---

[1]) Wenn keine männlichen Nachkommen mehr vorhanden sind, die diese vorgeschriebenen Totenopfer darbringen könnten.

3. Werde nicht unmännlich, o Sohn der Pṛthâ; das ziemt sich nicht für dich. Die niedrige Schwäche des Herzens wirf von dir und erhebe dich, o Bedränger der Feinde.

Arjuna sprach:

4. Wie soll ich Bhîṣma und Droṇa in der Schlacht, o Madhutöter, mit Pfeilen bekämpfen, die verehrungswürdigen, o Feindetöter?

5. Besser ist es ja, die hochwürdigen Lehrer nicht zu töten und selbst von Almosen in dieser Welt zu leben; wenn ich aber hier die Lehrer, ob sie auch nach Reichtum gierig sind, tötete, so würde ich blutbesudelte Speisen essen.

6. Auch wissen wir folgendes nicht: was uns lieber sein müßte, ob wir siegen oder ob sie uns besiegen; [denn] diejenigen, nach deren Tötung wir nicht [weiter] zu leben wünschen, stehen uns gegenüber, die Söhne Dhṛtarâṣṭra's.

7. Da mein Herz von schlimmer Ratlosigkeit heimgesucht und mein Sinn im Unklaren über die Pflicht ist, so frage ich dich. Was mit Sicherheit das bessere sein würde, das sage mir; ich bin dein Schüler; belehre mich, der ich bei dir Hilfe suche.

8. Denn ich erkenne nicht, was meinen Kummer vertreiben könnte, der [mir] die Sinne verdorren lassen würde, wenn ich [durch das Unrecht des Verwandtenmordes] auf Erden ein unangefochtenes, gedeihendes Königreich und selbst die Herrschaft über die Götter erlangt haben sollte.

Saṃjaya sprach:

9. Nach diesen Worten sagte Guḍâkeśa, der Bedränger der Feinde, zu Hṛṣîkeśa, dem Herdenerbeuter: „Ich werde nicht kämpfen“ und schwieg dann still.

10. [Da] sprach Hṛṣîkeśa lächelnd, o Nachkomme des Bharata, zu ihm, der zwischen den beiden Heeren verzagte, folgende Worte:

Der Erhabene sprach:

11. Du klagtest um die, welche nicht zu beklagen sind, und redest [doch] verständige Worte [1]). Weise klagen weder um Tote noch um Lebende.

12. Niemals war ich nicht, noch du, noch diese Fürsten, noch werden wir alle in Zukunft [jemals] nicht sein.

13. Ebenso wie der Geist in diesem Leibe Kindheit, Jugend und Alter erfährt, so begibt er sich auch [nach dem Tode] in andre Leiber. Daran wird der Weise nicht irre.

14. Die Einflüsse der Materie aber, o Sohn der Kuntî, die Kälte und Hitze, Freude und Schmerz bewirken, kommen und gehen und sind nicht von Dauer; die ertrage geduldig, o Nachkomme des Bharata.

15. Denn der weise Mann, den diese [Einflüsse] nicht beunruhigen, o bester der Männer, weil Schmerz und Freude ihm gleich gelten, wird der Unsterblichkeit teilhaftig.

16. Dem Nichtseienden wird keine Existenz zuteil, dem Seienden keine Nichtexistenz; die Grenze [2]) zwischen diesen beiden ist denen bekannt, welche die Wahrheit schauen.

17. Unvergänglich aber, wisse, ist dasjenige, von dem dieses All durchdrungen ist; den Untergang dieses Unveränderlichen kann Niemand bewirken.

18. Es vergehen bekanntlich diese Leiber des ewigen, unvergänglichen und unermeßlichen [zugleich unerkennbaren] Geistes. Darum kämpfe, o Nachkomme des Bharata!

19. Wer diesen [den Geist] für einen Töter hält und wer meint, daß er getötet werde, die beide erkennen ihn nicht. Er tötet nicht und wird nicht getötet.

20. Er wird nicht geboren noch stirbt er jemals, er

---

[1]) S. Böhtlingk's Verteidigung der überlieferten Lesart (*prajñâvâdâṃś ca*) ZDMG. 56, 209 gegenüber der Verbesserung Speyer's (*prajâvâdâṃś ca* „wie die Leute reden") ZDMG. 56, 123fg.

[2]) *anto maryâdâ*, sagt Madhusûdana Sarasvatî, dem ich folge. Böhtlingk billigt Telang's Übersetzung von *anta* „the (correct) conclusion."

ist nicht geworden, noch wird er in Zukunft nicht mehr sein. Ungeboren, beständig, ewig, uranfänglich wird er nicht getötet, wenn der Körper getötet wird.

21. Wer diesen als unvernichtbar, ewig, ungeboren und unvergänglich kennt, wie und wen kann der Mann, o Sohn der Pṛthâ, töten lassen, wen töten?

22. Gleichwie der Mensch abgenutzte Kleider ablegt und andere neue anzieht, so legt der Geist die abgenutzten Körper ab und geht in andere neue ein.

23. Waffen verwunden ihn nicht, das Feuer verbrennt ihn nicht, das Wasser benetzt ihn nicht, der Wind trocknet ihn nicht.

24. Nicht zu verwunden ist er und nicht zu verbrennen, nicht zu benetzen und nicht zu trocknen; beständig, allgegenwärtig, fest, unwandelbar und ewig ist er;

25. Nichtwahrnehmbar, unergründlich und unveränderlich heißt er. Darum, wenn du ihn so erkannt hast, darfst du um ihn nicht trauern.

26. Aber auch, wenn du meinst, daß er beständig geboren werde und beständig sterbe, darfst du doch, o Starkarmiger, ihn nicht beklagen.

27. Denn dem Geborenen ist das Sterben sicher, und ebenso dem Gestorbenen das Geborenwerden. Deshalb darfst du nicht um eine Sache klagen, die unvermeidlich ist.

28. Nichtwahrnehmbar ist der Ursprung der Wesen, wahrnehmbar ihr [Zustand in der] Mitte, o Nachkomme des Bharata, nichtwahrnehmbar ihr Ende. Warum also über sie jammern?

29. Der Eine schaut auf ihn [d. h. auf den Geist] als auf ein Wunder, ein Andrer spricht ebenso von ihm als einem Wunder, ein Andrer hört von ihm als einem Wunder; wenn er aber auch von ihm gehört hat, so kennt ihn doch Keiner.

30. Dieser Geist in eines Jeden Leib ist ewig unver-

tilgbar, o Nachkomme des Bharata. Darum darfst du die Wesen allesamt nicht beklagen.

31. Und ebenso wenig darfst du, wenn du deine Pflicht im Auge behältst, erzittern; denn etwas anderes, das für den Krieger besser wäre, als ein gerechter Kampf, gibt es nicht.

32. Glücklich die Krieger, o Sohn der Pṛthâ, die eines solchen, ihnen von selbst [ohne eignes Zutun] sich bietenden Kampfes teilhaftig werden, der [für sie] das geöffnete Tor des Himmels ist!

33. Wenn du aber in diesem gerechten Krieg nicht kämpfen willst, dann wirst du deine Pflicht und deinen Ruhm preisgeben und einen Makel auf dich laden;

34. Und die Wesen werden von deiner unvergänglichen Schande erzählen. Und für einen, der in Ehren steht, wiegt die Schande schwerer als der Tod.

35. Daß du aus Furcht vom Kampfe abgestanden seiest, werden die großen Krieger meinen; und bei denen du hoch geachtet warst, wirst du klein dastehen.

36. Und viele Worte, die nicht gesprochen werden sollten, werden deine Feinde [von dir] reden, indem sie deine Tüchtigkeit verspotten. Was gibt es wohl schmerzlicheres als das?

37. Entweder wirst du getötet werden und in den Himmel gelangen, oder siegen und die Erde beherrschen. Deshalb erhebe dich, o Sohn der Kuntî, zum Kampf entschlossen.

38. Freude und Schmerz, Gewinn und Verlust, Sieg und Niederlage für gleich erachtend, rüste dich also zum Kampf; so wirst du keinen Makel auf dich laden.

39. Diese Anschauung ist dir in der Sâṃkhya-Lehre dargestellt; [nun] aber vernimm die in der Yoga-Lehre enthaltene Anschauung, der ergeben du dich von den Banden des Werks [1]) befreien wirst, o Sohn der Pṛthâ.

---

[1]) D. h. von der nachwirkenden Kraft des Verdienstes und der Verschuldung.

40. Hier [in der Übung des Yoga] gibt es keinen Untergang des begonnenen Strebens, noch findet eine Abnahme [desselben] statt [1]); selbst ein klein wenig von diesem heiligen Brauch schützt vor großer Gefahr [2]).

41. Hier gibt es nur einen, in Entschlossenheit sich äußernden Gedanken, o Sproß des Kuru; denn vielverzweigt und endlos sind die Gedanken der unentschlossenen.

42—44. Der in Entschlossenheit sich äußernde Gedanke richtet sich nicht auf die Versenkung bei den an Genüssen und Macht hängenden, deren Sinn abgezogen wird durch jene blumige Rede, welche Unverständige, am Vedawort sich freuend, im Munde führen, o Sohn der Pṛthâ, „Nichts anderes gibt es" sprechend, von Begierden erfüllt und nach der Himmelswelt strebend, — [jene blumige Rede,] die als Lohn der [frommen] Werke eine [neue] Geburt [in besseren Welten] verheißt und voll ist von [Vorschriften über] bestimmte Handlungen zum Zweck der Erlangung von Genüssen und Macht.

45. Die Vedas beziehen sich auf die drei Guṇas [d. h. auf die materielle Welt]; du [aber], o Arjuna, sei gleichgiltig gegen die drei Guṇas, gleichgiltig gegen die Gegensätze [Freude und Schmerz usw.], immerdar standhaft im Mut [3]), unbekümmert um Erwerb und Erhaltung des Besitzes, und übe Selbstbeherrschung.

46. So viel Nutzen, als ein Sammelteich bietet, in den von allen Seiten das Wasser zusammenströmt, zieht ein kluger Brahmane aus sämtlichen Vedas [4]).

---

[1]) D. h. die Übung des Yoga, wie sie im folgenden gedeutet wird, ist niemals vergeblich noch kann sie eine Einbuße erleiden.

[2]) D. h. (mit den Kommentatoren): vor der Fortdauer des Weltdaseins.

[3]) Böhtlingk anders.

[4]) Zum Verständnis dieses Verses vgl. F. Belloni-Filippi, ZDMG. 58, 379—382, und H. Jacobi, ebendas. 383—385. In anderem Sinne ist der Vers aufgefaßt von Pavolini, Mélanges Kern, Leiden 1903, 141—143, F. Otto Schrader, ZDMG. 64, 336 fg., und Richard Fritzsche,

47. Dein Interesse [aber] sei nur auf das Handeln gerichtet, niemals auf [dessen] Früchte. Laß dich nicht durch die Früchte des Handelns bestimmen, [aber] neige [auch] nicht zur Untätigkeit.

48. In Ergebung (*yoga*) vollbringe deine Werke, laß [allen] Hang [nach Sinnesfreuden] fahren, o Schätzeerbeuter, und bleibe im Gelingen und Mißlingen der gleiche. Gleichmut heißt „Ergebung".

49. Denn weit weniger gilt das Handeln als die Ergebung des Herzens[1]), o Schätzeerbeuter. In deinem Herzen suche Schutz. Elend sind die, welche sich [in ihrem Handeln] durch die Früchte bestimmen lassen.

50. Wer die Ergebung des Herzens besitzt, achtet hier [in diesem Leben] beides nicht, weder Verdienst noch Schuld. Darum befleißige dich der Ergebung. Ergebung bedeutet Geschicklichkeit zu [allen] Werken.

51. Denn die Weisen, welche die Ergebung des Herzens besitzen, lassen die Frucht, die aus den Werken hervorgeht, unbeachtet und, befreit von den Banden der Wiedergeburt, gelangen sie zu der Stätte, wo es kein Leid gibt.

52. Wenn dein Herz über das Wirrsal der Betörung hinaus sein wird, dann wirst du überdrüssig sein [alles] dessen, was du [an religiöser Überlieferung] hören wirst und gehört hast.

53. Wenn dein Herz, an der Überlieferung irre geworden [und sich von ihr abwendend], fest und unerschütterlich in der Vertiefung beharren wird, dann wirst du die Ergebung erreichen.

Vierteljahrsschrift für wissenschaftliche Philosophie und Soziologie XXXI, 354: „So viel Nutzen man hat von einer Trinkgrube (oder Zisterne, wörtlich *udapâna* „Wassertränke"), wenn rings Überschwemmung ist (*sarvataḥ saṃplutodake*), so viel hat von allen Veden ein Brahmane, der die rechte Erkenntnis hat".

[1]) Böhtlingk faßt *buddhi* im Sinne von „Erkenntnis".

Arjuna sprach:

54. Was ist von dem zu sagen[1]), der von festgegründeter Weisheit ist und in der Vertiefung beharrt, o Schönhaariger? Wie soll Jemand, dessen Einsicht festgegründet ist, sprechen? wie sitzen? wie gehen?

Der Erhabene sprach:

55. Wenn Jemand alle Wünsche, die in seinem Herzen ruhen, fahren läßt, o Sohn der Pṛthâ, in sich selbst und durch sich selbst befriedigt, dann heißt er einer, dessen Weisheit festgegründet ist.

56. Wessen Herz in Schmerzen nicht erzittert, wer frei ist vom Verlangen nach Freuden, frei von Begier, Furcht und Zorn, der heißt ein Weiser, dessen Einsicht festgegründet ist.

57. Wer allem ohne Verlangen gegenübersteht und, was ihm auch von angenehmen oder unangenehmen Dingen zuteil werde, weder Freude noch Abneigung empfindet, dessen Weisheit ist von Bestand.

58. Und wenn dieser seine Sinne allerwärts von den Sinnesobjekten zurückzieht, gleichwie eine Schildkröte ihre Glieder [einzieht], so ist seine Weisheit von Bestand.

59. Die Objekte schwinden für den fastenden Menschen; nur der Geschmack[2]) bleibt (*rasa-varjam*); [aber] auch der Geschmack schwindet, wenn er den Höchsten erschaut.

60. Das Herz selbst des [nach Erlösung] strebenden, einsichtsvollen Menschen, o Sohn der Kuntî, reißen ja die aufregenden Sinne gewaltsam fort;

---

[1]) Böhtlingk's Konjektur *bhûṣâ* für *bhâṣâ* ist zwar geistreich, hat mich aber doch nicht überzeugt.

[2]) Böhtlingk faßt *rasa* hier im Sinne von Hunger; ich folge den Kommentatoren und verstehe unter *rasa* die Hinneigung zu den Sinnesobjekten; d. h. der anhaltend fastende Mensch sieht, hört, riecht, schmeckt und fühlt nichts mehr, aber im Innern bleibt das Verlangen zu sehen, zu hören usw. bestehen.

61. Diese alle zügele man [deshalb] und verharre in Ergebung, ganz mit mir beschäftigt[1]); denn wer die Sinne in seiner Gewalt hält, dessen Weisheit ist von Bestand.

62. Bei dem Manne, der über die Objekte nachdenkt, entsteht der Hang zu ihnen, aus dem Hang geht die Begierde hervor, aus der Begierde entsteht der Zorn,

63. Aus dem Zorn entspringt die Betörung, aus der Betörung die Verwirrung des Gedächtnisses, aus der Störung des Gedächtnisses der Verlust der Vernunft, und infolge des Verlustes der Vernunft geht man zugrunde.

64. Wer aber, sich selbst beherrschend, an die Objekte herantritt mit Sinnen, die frei sind von Begierde und Abneigung und in seiner Gewalt stehen, der gelangt zum Frieden.

65. Im Frieden wird ihm die Befreiung von allen Schmerzen zu teil; denn bei dem, dessen Herz zum Frieden gelangt ist, befestigt sich schnell die Einsicht.

66. Einsicht ist nicht Sache des Nicht-ergebenen, noch ist Meditation[2]) Sache des Nicht-ergebenen; und Ruhe wird nicht demjenigen zu teil, der nicht meditiert. Wie [aber] gibt es Glück für einen Ruhelosen?

67. Denn wessen Herz sich nach den umherschweifenden Sinnen richtet, dem reißt es den Verstand fort, gleichwie der Wind ein Schiff auf dem Wasser.

68. Wer seine Sinne deshalb, o Starkarmiger, allerwärts von den Sinnesobjekten zurückhält, dessen Weisheit ist von Bestand.

---

[1]) Hier bezeichnet sich also schon Kṛṣṇa, wie oftmals im folgenden, als das höchste Wesen, obwohl er sich dem Arjuna noch nicht ausdrücklich als solches offenbart hat.

[2]) *bhâvanâ*, s. Sâṃkhyasûtra III. 29. Böhtlingk vermutet fur *bhâvanâ* „das Etwas zu Wege bringen" und für *abhâvayataḥ* „Nichts zu Wege bringend."

69. Wo es Nacht für alle Wesen ist, da wacht der Selbstbeherrschung übende; wo die Wesen wachen, da ist es Nacht für den erkennenden Weisen [1]).

70. Gleichwie das Wasser [der Flüsse] im Meere aufgeht, das trotz des Zuströmens fest in seinen Grenzen bleibt, so gelangt derjenige, in welchem alle Wünsche aufgehen, zur Ruhe; [aber] nicht derjenige, welcher Wünsche hegt.

71. Der Mann, der alle Wünsche fahren läßt und ohne Verlangen, ohne Eigennutz und ohne Selbstsucht dahinlebt, gelangt zur Ruhe.

72. Dies ist der Zustand des Brahman, o Sohn der Pṛthâ. Wenn man diesen erreicht hat, gerät man nicht [mehr] in Verwirrung; und wenn man sich in ihm in der Todesstunde befindet, so wird man des Aufgehens in das Brahman (*brahmanirvâṇa*) teilhaft.

DRITTER GESANG.

Arjuna sprach:

1. Wenn nach deiner Meinung die Einsicht höher steht als das Werk, o Bedränger der Menschen, warum treibst du mich dann zu einem so furchtbaren Werke an, o Schönhaariger?

2. Mit so verschiedensinniger Rede verwirrst du mir gewissermaßen den Verstand. Darum nenne mir das eine bestimmt, wodurch ich zum Heil gelangen kann.

Der Erhabene sprach:

3. Daß es in dieser Welt zwei verschiedene Wege zur Vollendung gibt, ist [schon] vorher von mir erklärt

---

[1]) „Spiritual matters are dark as night to the common run of men, while they are wide awake in all worldly pursuits. With the sage the case is exactly the reverse", K. T. Telang zu diesem Verse seiner Übersetzung der Bhagavadgîtâ.

worden, o Schuldloser: der der Sâṃkhyas vermittels der Erkenntnis, der der Yogins vermittels des Handelns[1]).

4. [Aber] weder gelangt der Mensch dadurch, daß er keine Werke unternimmt, in [den Zustand der] Werklosigkeit, noch erreicht er die Vollkommenheit durch bloße Weltflucht.

5. Denn niemals verharrt Jemand auch nur einen Augenblick, ohne Werke zu vollbringen; ohne es zu wollen wird ein Jeder ja von den materiellen[2]) Guṇas zur Ausübung von Werken angetrieben.

6. Wer die Sinne des Handelns[3]) im Zaum hält und [dabei doch] fortfährt mit seinem inneren Sinn törichten Herzens an die Sinnesobjekte zu denken, der wird ein Heuchler genannt.

7. Wer aber die [äußeren] Sinne durch den inneren Sinn zügelt und, o Arjuna, die Ausübung der Werke (*karmayoga*) mit den Sinnen des Handelns vornimmt ohne Hang [zum Erfolg], der ragt hoch empor.

8. Vollziehe du das notwendige Werk[4]). Tätigkeit ist besser als Untätigkeit, und selbst die Erhaltung des Körpers gelingt dir nicht, wenn du untätig bist.

9. Diese Welt wird gebunden[5]) durch [alle] Werke mit Ausnahme des Werkes, das zum Opfer dient. [Darum] vollbringe das Werk, das diesem Zwecke dient, o Sohn der Kuntî, frei von allem Hang [zu weltlichen Dingen].

---

[1]) Die Übersetzung von *niṣṭhâ* sowohl als von •*yogena* im Anschluß an Böhtlingk. Es unterliegt aber keinem Zweifel, daß der Verfasser auch hier neben der fast präpositionalen Bedeutung von *yogena* die technische Bedeutung von *jñânayoga* und *karmayoga* im Sinne gehabt hat.

[2]) *prakṛtija* (noch XIII. 21, XVIII. 40) und *prakṛtisaṃbhava* (XIII. 19, XIV. 5) als Epitheta der Guṇas eigentlich „aus der Urmaterie hervorgegangen", d. h. so viel als materiell.

[3]) D. h. des Redens, Greifens, Gehens usw.

[4]) Vgl. XVIII. 9, 23.

[5]) Im technischen Sinne der Fortdauer des schmerzvollen empirischen Daseins.

10. Als der Schöpfer einstmals die Geschöpfe zusammen mit dem Opfer schuf, sprach er: „Durch dieses sollt ihr euch fortpflanzen; dieses sei euch die [alle] Wünsche gewährende Wunschkuh.

11. Erfreuet die Götter durch dasselbe, [und] mögen die Götter euch [dafür] erfreuen![1]) Wenn ihr euch [so] gegenseitig erfreut, werdet ihr das höchste Heil erreichen.

12. Denn die erwünschten Genüsse werden euch die Götter spenden, wenn sie durch Opfer erfreut sind. Wer [aber] diese von jenen gespendeten [Nahrungsmittel] genießt, ohne ihnen [davon] zu geben, der ist ein Dieb."

13. Die Guten, welche die Reste des Opfers essen, werden von allen Sünden frei; aber Schuld laden die Bösen auf sich, die [nur] für sich selbst kochen.

14. Aus der Nahrung entstehen die Wesen, aus dem Regen geht die Nahrung hervor, durch das Opfer entsteht der Regen, das Opfer entspringt aus dem Werk,

15. Das Werk, wisse, hat seinen Ursprung im Brahman[2]), [und] das Brahman ist aus dem Unvergänglichen hervorgegangen. Deshalb ruht das allgegenwärtige, ewige Brahman im Opfer.

16. Wer das so ins Rollen gebrachte Rad hier [auf Erden] nicht weiter dreht[3]), Böses trachtend und an seinen Sinnen Lust habend, der, o Sohn der Pṛthâ, lebt umsonst.

17. Für den Mann aber, der allein an seinem [wahren und innersten] Selbst sich freut, der an seinem Selbst sein Genüge findet und nur in seinem Selbst befriedigt ist, gibt es nichts [mehr] zu tun;

18. Nicht ist dieser irgendwie beteiligt an dem, was hier [auf Erden] getan und nicht getan wird; und sein Interesse ist gänzlich unabhängig von allen Wesen.

19. Deshalb vollbringe du immerdar ohne Hang [zum Erfolg] dasjenige Werk, das getan werden muß; denn

---

[1]) „Der Imperativ hat hier die Bedeutung eines Futurs" sagt Böhtlingk; warum?

[2]) Jacobi, Mahābhārata S. 79 oben, schreibt wohl mit Recht hier dem Worte *brahman* die Bedeutung *prakṛti* zu, die es XIV. 3, 4 hat. Böhtlingk vermag nicht, „Sinn in das Ganze [dieses Verses] zu bringen" und meint, daß es vielleicht auch der Autor nicht gekonnt habe.

[3]) D. h. wer nicht durch sein Handeln die Ordnung der Dinge fördert.

der Mann, der ohne solchen Hang das [ihm obliegende] Werk vollbringt, erreicht das höchste [Ziel].

20. Denn allein durch ihr Werk gelangten Janaka[1] und andere zur Vollkommenheit; und auch, wenn du nur die [Aufrechterhaltung der] Ordnung in der Welt im Auge behältst, mußt du handeln.

21. Was auch immer ein hervorragender Mann tut, das [tun] auch die andern Menschen; was er sich zur Richtschnur nimmt, dem folgt die Welt nach.

22. Nichts gibt es, o Sohn der Pṛthâ, in den drei Welten, das von mir [noch] zu vollbringen wäre, nichts unerreichtes zu erreichen; und doch liege ich dem Werke ob.

23. Denn wenn ich jemals nicht unermüdlich dem Werke obläge, so würden die Menschen allerwärts, o Sohn der Pṛthâ, meiner Spur [d. h. meinem Beispiel] nachfolgen.

24. Diese Welten würden zugrunde gehen, wenn ich nicht Tätigkeit ausübte; ich würde der Urheber der Verwirrung sein und diese Geschöpfe zu Schaden bringen.

25. Wie die Toren handeln, [mit ihrem Herzen] an dem Werke hängend, o Nachkomme des Bharata, so soll der Weise handeln, ohne daran zu hängen, [nur] mit dem Wunsch, für die [Aufrechterhaltung der] Ordnung in der Welt zu wirken.

26. Der Weise bewirke keine Störung der Überzeugung bei den Unwissenden, die an dem Werke hängen[2]), [sondern] er heiße alle [ihre] Werke gut, während er [selbst] in Ergebung handelt.

27. Die Werke werden insgesamt von den Guṇas der Materie verrichtet; [nur] der, dessen Geist durch den

---

[1]) Der namentlich aus der Bṛhadâraṇyaka Up. bekannte, wegen seiner Weisheit berühmte König von Videha. — *lokasaṃgraha* nach Böhtlingk.

[2]) Um diejenigen Leute, welche unfähig sind, sich auf den philosophischen Standpunkt zu stellen, nicht irre zu machen.

Ahaṃkâra [1]) verblendet ist, wähnt „Ich bin [d. h. mein Selbst ist] der Täter".

28. Wer aber die Wahrheit kennt, o Starkarmiger, in betreff der Verschiedenheit [des Selbstes] von den Guṇas und in betreff seiner Getrenntheit von dem Werk, der ist der Meinung, daß die Guṇas in den Guṇas wirken [2]), und hängt nicht [mehr an der Sinnenwelt].

29. Die durch die Guṇas der Materie betörten hängen an den Werken dieser Guṇas; solche nicht die ganze [Wahrheit] wissenden Leute mäßigen Verstandes verwirre nicht der die ganze [Wahrheit] wissende [3]).

30. Alle Werke auf mich beziehend, mit dem Gedanken an das eigne Selbst, ohne Erwartungen und ohne Eigennutz, kämpfe, frei von Beschwerden.

31. Diejenigen Menschen, welche beständig diese meine Lehre befolgen, gläubig und ohne Murren, werden auch durch ihre Werke erlöst.

32. Von den Unverständigen aber, die über diese meine Lehre murren und sie nicht befolgen, wisse, daß sie über die Erkenntnis ganz im Unklaren und verloren sind.

33. Selbst der Einsichtige handelt in Übereinstimmung mit seiner eigenen Natur; ihrer Natur folgen die Wesen. Was kann [da] die Zucht bewirken?

34. Einem jeden Sinne sind Zuneigung und Abneigung den Objekten gegenüber in feststehender Weise eigen; man begebe sich nicht in die Gewalt dieser beiden [Empfindungen]; denn sie sind unsre Feinde.

---

[1]) D. h. dasjenige von der Sâṃkhya-Philosophie angenommene innere Organ, welches die Idee des empirischen Ich zustande bringt und zu dem Zwecke Eigenschaften und Vorgänge, die in der Tat der Materie angehören, auf die Seele (das Selbst) überträgt.

[2]) D. h. daß die Materie — und nicht das Selbst — in der Materie wirkt.

[3]) In der Vers 26 angedeuteten Weise.

35. Besser ist die mangelhafte [Erfüllung der] eignen Pflicht als die rechte Ausübung der Pflicht eines Andern [1])! Besser der Tod bei der [Erfüllung der] eignen Pflicht! Die [Erfüllung der] Pflicht eines Andern bringt Gefahr.

Arjuna sprach:

36. Wodurch aber angetrieben tut der Mensch hier Böses, selbst wider seinen Willen, o Sproß des Vṛṣṇi, als ob er mit Gewalt dazu gezwungen würde?

Der Erhabene sprach:

37. Das ist die Begierde, das ist die Wut, die aus dem Guṇa Rajas hervorgeht, die gefräßige, unheilvolle. Wisse, daß sie der Feind hier [auf Erden] ist.

38. Wie das Feuer vom Rauch umhüllt wird und der Spiegel vom Schmutz, wie die Frucht [im Mutterleibe] von der Eihaut umhüllt ist, so ist von jener [Begierde und Wut] diese [Erkenntnis] [2]) umhüllt.

39. Umhüllt ist die Erkenntnis von diesem ewigen Feinde des Erkennenden, der „Begierde“ heißt [3]), o Sohn der Kuntî, und ein unersättliches Feuer ist.

40. Die [äußeren] Sinne, der innere Sinn und das Verstandesorgan (*buddhi*) heißen sein Sitz; durch diese verblendet er, die Erkenntnis umhüllend, den Geist.

41. Deshalb halte du zuerst die Sinne im Zaum, o bester der Bharatas, und entsage jenem Bösen, der Erkenntnis und Wissen [4]) vernichtet.

---

[1]) Ebenso XVIII. 47.

[2]) Mit Telang gegen Schlegel und Böhtlingk, die *idam* als Universum fassen.

[3]) Wieder mit Telang gegen Schlegel und Böhtlingk; ebenso später in v. 42 und 43.

[4]) *jñâna* und *vijñâna*; das erste bedeutet die Erkenntnis der philosophischen Wahrheit, das zweite das durch die eigene Erfahrung erworbene Wissen. Vgl. VI. 8, VII. 2, IX. 1, XVIII. 42. Anders Böhtlingk.

42. Hoch [erhaben] nennt man die Sinne, höher als die Sinne den inneren Sinn; höher als der innere Sinn ist das Verstandesorgan; wer aber höher steht als das Verstandesorgan, ist Er [der Geist].

43. Erkenne ihn so als höher denn das Verstandesorgan, richte dich selbst durch dich selbst auf und vernichte, o Starkarmiger, den Feind, dem schwer beizukommen ist, der „Begierde“ heißt.

VIERTER GESANG.

Der Erhabene sprach:

1. Diese unvergängliche [Lehre von der] Ergebung (*yoga*) habe ich Vivasvat verkündigt, Vivasvat tat sie Manu kund, und Manu teilte sie Ikṣvâku mit.

2. So lernten die königlichen Weisen sie durch Überlieferung kennen. Im Laufe der Zeit [jedoch] ging diese [Lehre von der] Ergebung hier [auf Erden] verloren, o Bedränger der Feinde.

3. Ebendieselbe uralte [Lehre von der] Ergebung ist dir heute von mir verkündet worden, weil du mich liebst und mein Freund bist; denn dieses ist das höchste Geheimnis.

Arjuna sprach:

4. Später ist deine Geburt, früher die Geburt Vivasvat's; wie soll ich dies verstehen, daß du [die Lehre] zuerst verkündigt hast?

Der Erhabene sprach:

5. Zahlreich sind meine vergangenen Geburten, und [auch] deine, o Arjuna. Die kenne ich alle; du kennst sie nicht, o Bedränger der Feinde.

6. Obwohl ich ungeboren und unvergänglichen Wesens bin, obwohl ich der Herr der Geschöpfe bin, werde ich

[doch immer aufs neue] geboren, meiner Natur zufolge [1]) durch meine eigene Wunderkraft (*mâyâ*).

7. Denn jedesmal wenn das Recht im Abnehmen ist, o Nachkomme des Bharata, und das Unrecht im Zunehmen, dann erschaffe ich mich selbst.

8. Zum Schutze der Guten und zur Vernichtung der Bösen, um das Recht zu befestigen werde ich in jedem Menschenalter geboren.

9. Wer so mein göttliches Entstehen und Werk in Wahrheit kennt, der gelangt, wenn er den Körper aufgibt, zu keiner neuen Wiedergeburt; der gelangt zu mir, o Arjuna.

10. Befreit von Verlangen, Furcht und Zorn, von mir erfüllt, auf mich vertrauend, sind viele, durch die Askese der Erkenntnis geläutert, in mein Wesen eingegangen.

11. In welcher Weise die Menschen mir nahen, in ebenderselben belohne ich sie. Allerwärts folgen sie, o Sohn der Pṛthâ, meiner Spur nach [2]);

12. Den Erfolg ihrer Werke erwünschend opfern sie hier [auf Erden] den Gottheiten; denn schnell tritt in der Menschenwelt der aus den Werken sich ergebende Erfolg ein.

13. Die vier Kasten sind von mir geschaffen, entsprechend der Verteilung der Guṇas und der Obliegenheiten [3]); ob-

---

[1]) Im Anschluß an Böhtlingk, der *prakṛtiṃ svâm adhiṣṭhâya* „mittels meiner Natur" übersetzt. Vgl. XV. 9.

[2]) D. h. (anders als in dem eingeschobenen Vers III. 23, dessen zweite Hälfte aus unserem Verse übernommen ist, vgl. Böhtlingk): welchem speziellen Kulte die Menschen auch anhängen mögen, sie dienen doch nur mir, dem einigen Gotte.

[3]) „Die Guṇas sind Sattva, Rajas und Tamas. Die Obliegenheiten des Brahmanen, der sattvaartig, d. h. hauptsächlich von Sattva erfüllt ist, sind Ruhe, Selbstbezwingung, Askese usw.; die Obliegenheiten des hauptsächlich von Rajas — mit einer Beimischung von Sattva — erfüllten Kṣatriya sind Heldentat, Energie und dergl.; die Obliegenheiten des hauptsächlich von Rajas — mit einer Beimischung von Tamas — erfüllten Vaiśya sind Acker-

wohl ich [aber] deren Urheber bin[1]), wisse [doch], daß ich nicht handle und daß ich unveränderlich[2]) bin.

14. Werke beflecken mich nicht, noch verlange ich nach der Frucht der Werke. Wer mich so erkennt, der wird durch seine Werke nicht gebunden.

15. Mit solcher Erkenntnis wurde auch von den Alten, die nach Erlösung trachteten, ihre Tätigkeit ausgeübt; darum übe du deine Tätigkeit aus, wie sie von den Alten in früherer Zeit geübt worden ist.

16. Was Tätigkeit, was Untätigkeit ist, darüber sind selbst die Weisen im Unklaren. Darum will ich dir die Tätigkeit erklären, durch deren Erkenntnis du vom Übel befreit werden wirst.

17. Denn wissen muß man sowohl von der Tätigkeit [d. h. von dem rechten Tun] als auch vom verbotenen Tun; auch von der Untätigkeit muß man wissen. Verborgen ist das Wesen der Tätigkeit.

18. Wer in der Tätigkeit die Untätigkeit und in der Untätigkeit die Tätigkeit sieht[3]), der ist der einsichtsvolle unter den Menschen, der übt alle Tätigkeit in Ergebung aus.

19. Wessen Unternehmungen alle frei sind von Begierden und Wünschen, wessen Werke von dem Feuer der Erkenntnis verbrannt sind, den nennen die Verständigen weise;

20. Den Hang zu den Früchten der Werke fahren lassend, stets zufrieden und unabhängig, tut dieser

---

bau usw.; das Werk des hauptsächlich von Tamas — mit einer Beimischung von Rajas erfüllten Śûdra besteht nur im Gehorsam," Śaṃkara zu unserem Verse und ähnlich zu XVIII. 41.

[1]) D. h. vermittelst der Kräfte der Prakṛti. „Durch den Zusammenhang mit der Mâyâ" ergänzt Śaṃkara, der den Unterschied von Mâyâ und Prakṛti verwischt.

[2]) Jede Handlung setzt eine innere Affektion, d. h. eine Veränderung, voraus.

[3]) Vgl. III. 27, 28.

[in Wahrheit] nichts, wenn er auch in Tätigkeit begriffen ist;

21. Ohne Erwartungen, sein Denkorgan und sein Selbst[1]) im Zaum haltend, allen Besitz hingebend, lädt er keine Schuld auf sich, weil er seine Tätigkeit nur um [der Erhaltung] des Körpers willen ausübt;

22. Zufrieden mit dem, was von selbst sich bietet, nicht mehr berührt durch die Gegensätze [2]), ohne Mißgunst, in Gelingen und Mißlingen sich gleich bleibend, wird er nicht gebunden, wenn er auch handelt.

23. Wer keinen Hang [zu irdischen Dingen] mehr hat und frei geworden ist[3]), wer mit seinem Denken der Erkenntnis obliegt und sich dem [geistigen] Opfer widmet, dessen Werk löst sich vollständig auf [d. h. trägt keine Frucht].

24. Das Brahman ist das Darbringen, das Brahman ist die Opfergabe, das Brahman ist im [Opfer]feuer, vom Brahman wird geopfert, und zum Brahman wird derjenige eingehen, der in das Brahman sich beim [Opfer]werk versenkt.

25. Die Einen, die [dem rituellen Werk] ergeben sind, liegen nur dem an die Götter gerichteten Opfer ob; Andere [die der Erkenntnis ergeben sind] bringen das Opfer [d. h. sich selbst] durch das Opfer [der Erkenntnis] [4]) in dem Feuer der Heiligkeit dar;

26. Andere [die in der Einsamkeit Askese üben] opfern das Gehör und die übrigen Sinne in den Feuern der Bezähmung; Andere [die im Welttreiben Selbstbeherrschung üben] opfern die Töne und die übrigen Sinnesobjekte in den Feuern ihrer Sinne [5]).

---

[1]) D. h. hier „den Leib" nach den Kommentatoren; vgl. V. 7, VI. 10.

[2]) D. h. Freude und Schmerz, Frost und Hitze usw.

[3]) D. h. von Liebe, Haß und anderen Leidenschaften, nach Śrîdharasvâmin und dem Samanvayabhâṣya. Die gewöhnliche Bedeutung von *mukta* paßt hier nicht, wie auch die genannten Kommentatoren gesehen haben.

[4]) Vgl. IV. 33, IX. 15, XVIII. 70.

[5]) Indem sie ihren Sinnen nicht gestatten, an dem Genuß der Objekte zu hängen. An die Sinne der in der ersten Hälfte

27. Andere [der eigentlichen Yogapraxis beflissene] opfern alle Tätigkeiten der Sinne und des Atems in dem von der Erkenntnis entzündeten Feuer der Vertiefung, d. h. der Beschränkung [des Denkens] auf das Selbst;

28. Andere Asketen, die strenge Gelübde erfüllen, opfern Besitz, Buße, Vertiefung, Studium und Erkenntnis;

29. Andere opfern in dem Einatmen das Ausatmen und in dem Ausatmen das Einatmen, indem sie den Gang des Ausatmens und Einatmens hemmen, sich ganz dem Einhalten des Atems widmend;

30. Andere beschränken ihre Nahrung und opfern die Lebensgeister in den Lebensgeistern. Alle diese sind opferkundig und vernichten ihre Sünden durch das Opfer.

31. Diejenigen, welche den Nektar der Opferreste genießen, gehen zu dem ewigen Brahman ein. Nicht [einmal] diese Welt gehört dem, der keine Opfer darbringt; wie viel weniger die andere, o trefflichster der Kurus!

32. So viele verschiedenartige Opfer werden in den Mund des Brahman dargebracht[1]). Wisse, daß diese alle aus dem Werk entstehen. Durch diese Erkenntnis wirst du erlöst werden.

33. Besser als das Opfer des Besitzes[2]) ist das Opfer der Erkenntnis[3]), o Bedränger der Feinde; alles Werk insgesamt, o Sohn der Pṛthâ, kommt in der Erkenntnis zum Abschluß.

---

unseres Verses erwähnten Asketen treten Objekte des Genusses überhaupt nicht heran.

[1]) Nach der Auffassung der Kommentatoren und Telang's, der ich ebensowenig wie Böhtlingk beipflichten kann: „sind im Veda dargestellt." Der Sinn der Zeile ist einfach: mit so mannigfachen Opfern kann man dem Höchsten dienen. Böhtlingk übersetzt: „So liegen die vielfachen Opfer im Munde des Brahman ausgebreitet" und fügt hinzu: „Der Unsinn hat bisweilen eine größere Berechtigung als der Sinn", scheint also zu meinen, daß der Verfasser dieses Verses mit Absicht Unsinn geschrieben habe.

[2]) S. oben v. 28.

[3]) D. h. die Gotteserkenntnis, vgl. oben v. 25 und IX. 15, XVIII. 70.

34. Diese erlerne durch Ehrerbietung, Fragen und Diensterweisung[1]). Erkennende, die die Wahrheit erschauen, werden dich die Erkenntnis lehren.

35. Nicht wieder wirst du so [wie eben jetzt] in Verwirrung geraten, o Pâṇḍava, wenn du die Erkenntnis gewonnen hast, durch die du die Wesen ohne Ausnahme [zuerst] in dir und dann in mir erblicken wirst[2]).

36. Selbst wenn du der sündhafteste unter allen Sündern wärest, würdest du doch allein mit dem Boot der Erkenntnis über alle Schuld hinübersetzen, [d. h. dich durch die Erkenntnis von den Folgen aller Schuld befreien].

37. Wie ein angezündetes Feuer das Brennholz zu Asche verbrennt, o Arjuna, so verbrennt das Feuer der Erkenntnis alle Werke zu Asche.

38. Denn ein der Erkenntnis vergleichbares Läuterungsmittel gibt es hier [auf Erden] nicht; dieses [aber] findet der durch die Ergebung zur Vollkommenheit gelangte mit der Zeit von selbst in sich selbst.

39. Der Gläubige gewinnt die Erkenntnis, der nur auf sie bedacht ist und seine Sinne im Zaum hält. Wenn er die Erkenntnis gewonnen hat, so gelangt er schnell zu höchsten Ruhe.

40. Der Nichterkennende, Ungläubige und Zweifelsüchtige [aber] geht zugrunde; nicht diese Welt, noch jene, noch Glück gehört dem Zweifelsüchtigen.

41. Wer in Ergebung die Werke aufgibt, die Zweifel durch die Erkenntnis vernichtet und Selbstbeherrschung übt, den fesseln die Werke nicht [mehr], o Schätzeerbeuter.

---

[1]) D. h. durch die dem Brahmanenschüler vorgeschriebene Lebensweise.

[2]) Vgl. Ev. Johannis 14. 20. Diese überraschende Parallele (vgl. noch VI. 30; IX. 29) fehlt in Lorinser's Verzeichnissen der angeblichen Übereinstimmungen zwischen der Bhagavadgîtâ und dem Neuen Testament. Beweisend in Lorinser's Sinne ist sie aber keineswegs, weil der Gedanke sich vollkommen aus der bekannten Grundanschauung des Vedânta erklärt.

42. Darum vernichte diesen deinen Zweifel, der aus der Nichterkenntnis hervorgegangen dir im Herzen ruht, mit dem Schwerte der Erkenntnis und widme dich dem Yoga [1]). Erhebe dich, o Nachkomme des Bharata!

FÜNFTER GESANG.

Arjuna sprach:

1. Das Aufgeben (*saṃnyâsa*) und dann wieder die Ausübung (*yoga*) der Werke, o Kṛṣṇa, preisest du; was von diesen beiden das bessere ist, dieses eine nenne mir ganz bestimmt.

Der Erhabene sprach:

2. Das Aufgeben und die Ausübung der Werke, beide führen zum Heil [2]); von diesen zweien aber ist die Ausübung der Werke vorzüglicher als das Aufgeben der Werke.

3. Als ein immerdar aufgebender [ein beständiger Saṃnyâsin] ist derjenige zu erkennen, welcher weder Abneigung noch Verlangen empfindet; denn wer die Gegensätze überwunden hat, o Starkarmiger, wird schnell von dem Gebundensein befreit.

4. Von Sâṃkhya und Yoga [3]) als etwas verschiedenem sprechen Kinder, nicht Weise. Wer auch nur dem einen in rechter Art sich gewidmet hat, gewinnt die Frucht von beiden.

5. Die Stätte, die von den Anhängern des Sâṃkhya erreicht wird, [d. h. die Erlösung] wird auch denen des

---

[1]) D. h. der Werktätigkeit, in welchem Sinne das Wort *yoga* im nächsten Gesange gebraucht ist.

[2]) Vgl. IX. 28.

[3]) *Sâṃkhya* hier im Sinne des Aufgebens der Werke und der Vertiefung in die Erkenntnis, *Yoga* (= *karmayoga*) im Sinne des pflichtmäßigen Handelns. Vgl. III. 3, XIII. 24.

Yoga zuteil. Wer Sâṃkhya und Yoga als eines ansieht, der ist sehend.

6. Das Aufgeben [der Werke] aber, o Starkarmiger, ist schwer ohne den Yoga zu erreichen. Der Weise, der sich dem Yoga gewidmet hat, gelangt bald zum Brahman.

7. Wer sich dem Yoga ergeben hat, wessen Selbst geläutert ist, wer sein Selbst [1]) und seine Sinne bezwungen hat, wessen Selbst zu dem Selbst aller Wesen geworden ist, der wird nicht befleckt, wenn er auch handelt.

8. Der Ergebene, der die Wahrheit kennt, denkt, daß er [selbst] nichts tue, wenn er sieht, hört, fühlt, riecht, ißt, geht, schläft, atmet,

9. Spricht, absondert, faßt, die Augen öffnet und schließt; [sondern] er denkt, daß seine Sinne mit den Sinnesobjekten sich beschäftigen.

10. Wer seine Werke vollbringt, indem er sie auf das Brahman bezieht und [allen] Hang [zu irdischen Dingen] fahren läßt, der wird von der Sünde ebensowenig befleckt, wie ein Lotusblatt vom Wasser [2]).

11. Mit dem Körper, dem inneren Sinn, dem Verstandesorgan (*buddhi*) und den [äußeren] Sinnen, die frei sind [von allen selbstsüchtigen Regungen], vollbringen die Anhänger des Yoga ihr Werk, [allen] Hang fahren lassend, zur Läuterung des Selbstes.

12. Der Ergebene, der sich um die Frucht der Werke nicht kümmert, erreicht die vollkommene Ruhe; der Nichtergebene, der an der Frucht hängt, wird durch sein begehrliches Tun gebunden.

13. Von allen Werken durch den inneren Sinn sich lossagend, wohnt der Geist ruhig als Herrscher in der neuntorigen Stadt [d. h. in dem Leibe], weder handelnd noch handeln lassend.

---

[1]) D. h. hier „den Leib" nach den Kommentatoren, wie IV. 21, VI. 10.

[2]) Das an den Lotusblättern nicht haften bleibt, — ein in der indischen Philosophie häufig gebrauchtes Gleichnis.

14. Nicht die Tätigkeit, nicht die Werke der Welt bringt der Herr [d. h. der Geist] hervor, [auch] nicht den Zusammenhang zwischen den Werken und ihren Früchten; sondern [nur] die Natur wirkt.

15. Weder die Schuld noch das Verdienst irgend jemandes nimmt der Gebieter [d. h. der Geist] an. Von der Nichterkenntnis ist die Erkenntnis [des wahren Wesens des Geistes] umhüllt; darum irren die Geschöpfe.

16. Denen aber, bei welchen diese Nichterkenntnis durch die Erkenntnis des Selbstes vernichtet ist, offenbart die Erkenntnis[1] sonnengleich jenes höchste [Prinzip].

17. Auf dieses ihr Denken richtend, in diesem aufgehend, diesem sich hingebend, ganz mit diesem beschäftigt, gehen sie dahin, um nicht wieder zu kehren, da sie ihre Sünden durch die Erkenntnis abgeschüttelt haben.

18. In einem durch Wissen und Anstand ausgezeichneten Brahmanen, in einem Rinde, Elefanten, Hunde und Hundefleischkocher[2]) sehen die Weisen das gleiche.

19. Schon hier [auf Erden] ist der Himmel[3]) von denen gewonnen, deren Sinn auf [diese] Gleichheit sich stützt. Denn makellos und [überall] gleich ist das Brahman; darum ruhen diese in dem Brahman.

20. Nicht gerät in Freude, wenn ihm Liebes zuteil wird, noch in Angst, wenn ihm Unliebes widerfährt, wer festen Sinnes, frei von Verwirrung, das Brahman kennend in dem Brahman ruht.

21. Wessen Herz nicht an den Berührungen mit der Außenwelt hängt, der wird des Glückes teilhaft, das sich im Selbst befindet; der Versenkung in das Brahman sich ergebend, erreicht er unvergängliches Glück.

22. Denn die Genüsse, die aus den Berührungen [der Sinne mit den Objekten] entstehen, sind nur Quellen des Schmerzes. Sie haben einen Anfang und ein Ende, o Sohn der Kuntî; an diesen freut der Weise sich nicht.

23. Wer schon hier [auf Erden] vor der Befreiung vom Körper die Aufregung überwinden kann, die aus Ver-

---

[1]) Nominativ.

[2]) Bezeichnung einer verachteten Kaste.

[3]) Nach Böhtlingk's Konjektur (*svargo* für *sargo*).

langen und Zorn entsteht, der ist ein ergebner, der ist ein glücklicher Mensch.

24. Der Yogin, der das Glück, die Freude und auch das Licht [der Erkenntnis] in seinem Innern trägt, gelangt, zum Brahman geworden, zu dem Aufgehen in das Brahman (*brahmanirvâṇa*).

25. Des Aufgehens in das Brahman werden teilhaft die Weisen, deren Sünden vergangen sind, die den Zwiespalt [in ihrem Innern] vernichtet, die sich selbst bezwungen und an dem Wohlergehen aller Wesen ihre Freude haben.

26. Den Asketen, die frei sind von Verlangen und Zorn, die ihren Sinn bezwungen und das Selbst erkannt haben, ist das Aufgehen in das Brahman nahe.

27, 28. Der Weise, der sich die äußeren Berührungen fern hält, den Gesichtssinn auf den Raum zwischen den beiden Augenbrauen [beschränkt][1]) und das im Innern der Nase sich bewegende Aus- und Einatmen gleichmäßig gestaltet, der die [äußeren] Sinne, den inneren Sinn und das Verstandesorgan im Zaum hält und sein Trachten ganz auf die Erlösung richtet, frei von Wünschen, Furcht und Zorn, der ist auf immerdar erlöst.

29. Indem er mich als den Empfänger der Opfer und der Bußübungen, als den großen Herrn aller Welten und den Freund aller Wesen erkennt, gelangt er zur Ruhe.

SECHSTER GESANG.

Der Erhabene sprach:

1. Wer unbekümmert um die Frucht des Werkes das Werk vollbringt, das vollbracht werden muß, der ist der [wahre] Saṃnyâsin und der [wahre] Yogin, [aber] nicht, wer kein Feuer [auf seinem Herde] unterhält und untätig ist.

---

[1]) Indem er die Augen halb geschlossen hält und sowohl den Schlaf als auch die Wahrnehmung der Außendinge vermeidet (Śrîdharasvâmin).

2. Was man Entsagung (*saṃnyâsa*) heißt, das erkenne als Yoga [1]), o Pâṇḍava; denn Niemand wird ein Yogin, der nicht seinen Wünschen entsagt hat.

3. Dem Weisen, der zum Yoga aufzusteigen trachtet, gilt das Werk als Mittel [dazu], und dem, der zum Yoga aufgestiegen ist, gilt die Ruhe [d. h. das Abstehen vom Werk] als Mittel [zur Erreichung der erlösenden Erkenntnis].

4. Denn wenn Jemand weder an Sinnesobjekten noch an Werken hängt, indem er allen Wünschen entsagt, dann wird er ein zum Yoga aufgestiegener genannt.

5. Man erhebe sein Selbst durch das Selbst, man erniedrige sein Selbst nicht; denn das Selbst ist des Selbstes Freund, [aber] das Selbst ist [auch] des Selbstes Feind.

6. Das Selbst ist des Selbstes Freund bei demjenigen, von welchem das Selbst durch das Selbst bezwungen ist; bei demjenigen aber, der seines Selbstes nicht Herr ist, wirkt das Selbst in Feindschaft, gleichwie ein Feind.

7. Wer sein Selbst bezwungen hat und zur Ruhe gekommen ist, dessen Selbst [2]) ist vollständig gesammelt, in Kälte und Hitze, in Freude und Schmerz, in Ehre und Verachtung.

8. Der Yogin wird ein Ergebener genannt, dessen Selbst Befriedigung findet an Erkenntnis und Wissen [3]), der unentwegt ist und seine Sinne im Zaum hält, dem ein Erdkloß, ein Stein und Gold gleich gilt.

9. Wer gegen Wohlgesinnte, Freunde, Feinde, Gleichgiltige, Teilnahmlose, Hassenswerte, Angehörige, gegen Gute auch und Böse die gleiche Gesinnung hegt, der ragt hoch empor.

---

[1]) In diesem Gesang nehmen die Worte *yoga* und *yogin* allmählich (von v. 10 an ganz deutlich) die technische Bedeutung an, die sie im Yoga-System haben.

[2]) Wie Böhtlingk unter Verweisung auf XIII. 22 mit Recht bemerkt, steht *paramâtman* hier ganz im Sinne von *âtman*.

[3]) S. III. 41 Anm.

10. Der Yogin soll sich immerdar in Versenkung üben, an einem einsamen Orte allein weilend, sein Denkorgan und sein Selbst[1]) im Zaum haltend, ohne Erwartungen und ohne Besitz.

11. An einem reinen Orte bereite er sich seinen bleibenden Sitz, der nicht zu hoch und nicht zu niedrig, mit einem Tuch, einem Fell oder Kuśa-Gras bedeckt sei.

12. Auf einem solchen Sitze sich niederlassend, richte er seinen inneren Sinn auf einen Punkt; die Tätigkeit des Denkorgans und der Sinne im Zaum haltend, übe er Versenkung zur Läuterung des Selbstes.

13. Rumpf, Haupt und Hals gerade und unbeweglich haltend, blicke er ohne sich zu rühren auf seine Nasenspitze und schaue nach keiner Richtung hin.

14. Mit ruhigem Gemüt, frei von Furcht, dem Gelübde der Keuschheit treu, seinen Sinn bezwingend und seine Gedanken auf mich richtend, sitze er in Versenkung da, ganz mit mir beschäftigt.

15. Der Yogin, der sich auf diese Weise immerdar in Versenkung übt und seinen Sinn im Zaum hält, erreicht die Ruhe, die schließlich zur Erlösung (*nirvâṇa*) führt und von mir abhängt.

16. Aber nicht ist die Versenkung Sache dessen, der zu viel ißt, noch dessen, der gar nichts ißt, noch dessen, der sich gewöhnt zu lange zu schlafen, noch dessen, der [zu lange] wacht, o Arjuna.

17. Wer angemessen ißt und sich erholt, wer angemessen in [der Vollbringung] seiner Werke tätig ist, wer angemessen schläft und wacht, dem wird die Versenkung zuteil, die den Schmerz vernichtet.

18. Wenn sein Denken, im Zaum gehalten, nur auf das Selbst sich richtet, dann wird er, frei von Verlangen allen begehrenswerten Dingen gegenüber, ein Ergebener [in Versenkung befindlicher] genannt.

---

[1]) S. IV. 21 Anm.

19. „Wie ein an windgeschütztem Orte stehendes Licht nicht flackert" — dies wird als Gleichnis angeführt für den Yogin, der sein Denken zügelt und die Versenkung des Selbstes übt.

20. [Der Zustand], in dem das Denken ausruht, niedergehalten durch die Übung der Versenkung, und in dem man, das Selbst durch das Selbst erschauend, an dem Selbst sich freut,

21. In dem man das endlose Glück empfindet, das jenseits der Sinne liegend [nur] mit dem Verstandesorgan zu fühlen ist, und [in dem] derjenige, der sich [in ihm] befindet, nicht von der Wahrheit abirrt,

22. Nach dessen Erreichung man keinen andern Besitz höher schätzt als diesen, und in dem weilend man selbst durch einen großen Schmerz nicht [mehr] aus seiner Ruhe gebracht wird,

23. Dieser [Zustand], die Loslösung von der Verbindung mit dem Schmerz, — wisse man — wird Versenkung genannt. Diese Versenkung ist mit Entschlossenheit und guten Muts[1]) zu üben.

24. Alle Begierden insgesamt, die aus dem Verlangen entstehen, soll man fahren lassen, die Schar der Sinne allein durch den inneren Sinn vollständig im Zaum halten

25. Und ganz allmählich zur Ruhe kommen mit einem in Standhaftigkeit festgehaltenen Vorsatz. Den inneren Sinn soll man auf das Selbst gerichtet halten und an gar nichts denken.

26. Wohin auch immer der [von Natur] unstäte und unbeständige innere Sinn ausbricht, von da halte man ihn zurück und bringe ihn in seine Gewalt.

27. Denn das höchste Glück kommt zu einem solchen Yogin, dessen Sinn zur Ruhe gelangt ist, in dem das Rajas aufgehört hat zu wirken, der zum Brahman geworden und sündlos ist.

---

[1]) Lies mit den Kommentatoren *'nirviṇṇa-cetasâ* mit elidiertem a privativum, worauf auch Böhtlingk aufmerksam macht.

28. Der Yogin, der in dieser Weise immerdar sich in Versenkung übt und von Sünden frei geworden ist, erreicht das unendliche Glück leicht, das aus der Vereinigung mit dem Brahman entspringt.

29. Wer sich selbst der Versenkung weiht und in allem das gleiche erkennt, sieht sich selbst in allen Wesen wohnen und alle Wesen in sich selbst.

30. Wer mich in allem erblickt und alles in mir erblickt, dem gehe ich nicht verloren, noch geht er mir verloren.

31. Der Yogin, der mich als den in allen Wesen wohnenden liebt und sich zu dem Glauben an die Einheit bekennt, der lebt in mir, wie er auch immer leben möge.

32. Der Yogin gilt als der beste, der durch die Vergleichung [aller Wesen] mit sich selbst in allen dasselbe erblickt, o Arjuna, mag es um Freude oder Schmerz sich handeln[1]).

Arjuna sprach:

33. Ich verstehe nicht, wie bei [unserer] Unstätheit das Bestehen dieser Versenkung, die von dir durch Gleichmut erklärt wurde, o Madhutöter, eine dauernde sein kann.

34. Denn unstät ist der innere Sinn, o Kṛṣṇa, aufregend, gewalttätig und trotzig; dessen Zügelung halte ich für überaus schwer, ebenso wie die des Windes.

Der Erhabene sprach:

35. Zweifellos, o Starkarmiger, ist der innere Sinn schwer zu zügeln und unstät; durch Übung aber, o Sohn der Kuntî, und durch Gleichgiltigkeit [gegen die Dinge der Welt] wird er gezügelt.

36. Von einem, der sich selbst nicht im Zaum hält, ist nach meiner Meinung die Versenkung schwer zu erreichen; von demjenigen aber, der sich selbst in der Gewalt hat und sich darum bemüht, kann sie mit den [genannten] Mitteln erreicht werden.

---

[1]) D. h. der daran denkt, daß sowohl Freude als Schmerz für alle Wesen die gleiche Bedeutung haben wie für ihn selbst.

Arjuna sprach:

37. Wenn Jemand, der [zwar] von Glauben erfüllt ist, [aber] nicht [genügend] sich bemüht und, weil sein Sinn von der Versenkung abirrt, die Vollendung der Versenkung nicht erreicht, zu welchem Ziele[1]), o Kṛṣṇa, gelangt der?

38. Geht er nicht, beider [Ziele] verlustig[2]), gleich einer zerrissenen Wolke zugrunde, ohne Halt, o Starkarmiger, und im Dunkeln über den Pfad der Heiligkeit?

39. Diesen meinen Zweifel wollest du, o Kṛṣṇa, gänzlich vernichten; denn ein andrer Vernichter dieses Zweifels als du ist nicht vorhanden.

Der Erhabene sprach:

40. O Sohn der Pṛthâ, weder in dieser noch in jener [Welt] wird der Untergang einem solchen zuteil; denn Niemand, der Gutes tut, gerät, o. Lieber, ins Verderben.

41. Wer der Versenkung verlustig gegangen ist, gelangt in die Welten der Frommen, wohnt [dort] viele Jahre und wird dann in einem Hause heiliger und vornehmer Leute wiedergeboren.

42. Oder er entsteht [aufs neue] gar in einem Geschlechte weiser Yogins; denn eine solche Wiedergeburt ist auf Erden schwerer zu erreichen.

43. In dieser erlangt er denselben Besitz an Einsicht, den er im früheren Leben erworben hatte, und strebt [nun noch] mehr als damals nach der Vollkommenheit, o Sproß des Kuru.

44. Denn durch eben diese frühere Übung wird er selbst wider Willen fortgerissen, und wenn er auch nur

[1]) Daß *gati* nicht nur „Weg", sondern auch „Ziel" bedeutet, ergibt sich mit Sicherheit aus VIII. 21, XII. 5, XVI. 20, 23. Vgl. übrigens PW. Nachtr. I. s. v. *gati* 11) und PW. in kürzerer Fassung s. v. *gati* 9).

[2]) D. h. sowohl des auf dem *karmamârga* als auch des auf dem *jñânamârga* zu erreichenden Zieles (Madhusûdana Sarasvatî).

die Versenkung kennen zu lernen wünscht, so gelangt er doch hinaus über das in Worte gefaßte Brahman[1]).

45. Der Yogin aber, der mit Anstrengung sich abmüht, der sich von Sünden gereinigt und nach vielen Geburten die Vollkommenheit erreicht hat, gelangt darauf zum höchsten Ziel.

46. Für höher als die Asketen, für höher selbst als die Erkennenden wird der Yogin erachtet; auch höher als die Vollbringer [von Opferwerk] steht der Yogin; deshalb werde ein Yogin, o Arjuna.

47. Und unter allen Yogins wird derjenige, welcher mit seinem auf mich gerichteten inneren Selbst gläubig mich liebt, von mir für den ergebensten erachtet.

SIEBENTER GESANG.

Der Erhabene sprach:

1. Wenn du mit dem Herzen an mir hängst, o Sohn der Pṛthâ, Versenkung übst und auf mich vertraust, wie du dann ohne Zweifel mich vollständig erkennen wirst, das höre [jetzt].

2. Ich werde dir diese Erkenntnis samt dem Wissen[2]) ganz und gar mitteilen; wenn du sie erkannt hast, ist hier [auf Erden] nichts anderes mehr zu erkennen übrig.

3. Unter Tausenden von Menschen strebt [nur] hie und da einer nach der Vollkommenheit; [aber] selbst unter den strebenden, die zur Vollkommenheit gelangt sind, erkennt [nur] hie und da einer mich in Wahrheit.

4. Erde, Wasser, Feuer, Luft, Äther, innerer Sinn, Verstandesorgan und Ahaṃkâra[3]): in diese acht Teile zerfällt meine [materielle] Natur.

---

[1]) D. h. über die heilige Schrift oder vielmehr über den Lohn, der für die Vollziehung der in der Schrift vorgeschriebenen frommen Werke in Aussicht steht.

[2]) S. III. 41 Anm.

[3]) S. III. 27 Anm.

5. Dies ist [meine] niedere [Natur]. Wisse aber, daß mir noch eine andere Natur als diese, eine höhere, eignet, die Seele nämlich, o Starkarmiger, durch die diese Welt erhalten wird.

6. Erfahre, daß aus diesen [meinen beiden Naturen] alle Wesen stammen. Ich bin der Ursprung und das Ende der ganzen Welt.

7. Nichts anderes gibt es, das höher ist als ich, o Schätzeerbeuter; auf mich ist dieses All aufgereiht, wie Perlenreihen auf eine Schnur.

8. Ich bin der Geschmack im Wasser, o Sohn der Kuntî, das Licht in Mond und Sonne, das heilige Wort Om in allen Veden, der Ton im Äther, die Manneskraft in den Männern,

9. Der Wohlgeruch in der Erde und die Glut bin ich im Feuer, das Leben in allen Wesen und die Buße bin ich in den Büßern.

10. Als den ewigen Keim aller Wesen erkenne mich, o Sohn der Pṛthâ. Der Verstand der Verständigen bin ich, die Würde der Würdigen,

11. Und die Stärke der Starken bin ich, die frei ist von Begier und Leidenschaft. Ich bin die Liebe in den Wesen, die nicht der Tugend widerstreitet, o bester der Bharatas.

12. Und wisse, daß die Zustände [1]), die das Wesen von Sattva, Rajas und Tamas an sich tragen, nur aus mir stammen; aber nicht ich bin in ihnen, [sondern] sie in mir [2]).

13. Durch diese drei auf den Guṇas beruhenden Zustände verblendet, erkennt diese ganze Welt nicht, daß ich über diesen [Guṇas] stehe und unveränderlich bin.

14. Denn über diesen meinen göttlichen, durch die Guṇas gebildeten Weltenschein (*mâyâ*) ist schwer hinauszukommen; [aber] diejenigen, welche bei mir ihre Zuflucht nehmen, gelangen über diesen Weltenschein hinaus.

---

[1]) *bhâvâḥ* bedeutet nach Śaṃkara hier „Dinge“ und im folgenden Verse „Zustände“ (d. h. Liebe, Haß, Verwirrung); es ist jedoch unmöglich, dem Ausdruck in diesen eng zusammenhängenden Versen einen verschiedenen Sinn beizumessen. S. auch Böhtlingk zu der Stelle.

[2]) Vgl. IX. 4.

15. Nicht nehmen ihre Zuflucht bei mir die Übeltäter, die Toren, die niedrigsten der Menschen, denen die Erkenntnis durch den Weltenschein geraubt wird, die der dämonischen Gesinnung anhängen [1]).

16. Vier Arten von tugendhaften Leuten verehren mich, o Arjuna: der vom Unglück betroffene, der nach der Erkenntnis trachtende, der nach Reichtum strebende und der Erkennende, o bester der Bharatas.

17. Unter diesen steht der Erkennende, der immerdar Ergebung übt und [mich] allein verehrt, am höchsten; denn über alle Maßen teuer bin ich dem Erkennenden, und er ist mir [ebenso] teuer.

18. Alle jene [vier] sind zwar edel; aber der Erkennende ist nach meiner Schätzung mein [eigenes] Selbst; denn dieser hat, wenn er sich [mir] ergeben, den allerhöchsten Gang zu mir angetreten.

19. Am Ende von vielen Existenzen naht der Erkennende sich mir mit dem Gedanken „Vâsudeva ist das All". Solch ein Hochsinniger ist sehr schwer zu finden.

20. Diejenigen, denen die Erkenntnis durch diese oder jene Begierden entrissen ist, nahen sich anderen Gottheiten, indem sie allerlei religiöse Pflichten im Banne ihrer eigenen Natur übernehmen.

21. Wenn irgend ein Verehrer irgend einer [göttlichen] Erscheinungsform gläubig zu dienen wünscht, so mache i c h ihm diesen seinen Glauben unerschütterlich.

22. Von solchem Glauben erfüllt, läßt er sich den Dienst dieses [bestimmten Gottes] [2]) angelegen sein und erhält von ihm das begehrte Gut, das [in Wahrheit] von m i r verliehen wird.

---

[1]) Vgl. IX. 12.

[2]) Die Schlegelsche Annahme eines unregelmäßigen Sandhi (*tasyâḥ*, nämlich *tanoḥ*, *ârâdhanam*) scheint mir hier ebenso wenig nötig zu sein als der freilich noch unwahrscheinlichere Ausweg, *tasyâ râdhanam* zu trennen, den im Anschluß an die älteren Kommentare auch das Samanvayabhâṣya eingeschlagen hat. Es wird einfach *tasya*, nach dem Sinn konstruiert, zu denken sein.

23. Aber die Frucht, die diesen [Menschen] von geringer Einsicht zuteil wird, ist endlich: die den Göttern opfern, gehen zu den Göttern ein, während meine Verehrer zu mir eingehen.

24. Daß ich, der Nichtwahrnehmbare, wahrnehmbar geworden sei, meinen die Unverständigen, die mein absolutes, unveränderliches und allerhöchstes Wesen nicht erkennen.

25. Verhüllt durch den Weltenschein, der auf [meiner] Verbindung [mit den Guṇas] beruht[1]), bin ich nicht einem Jeden offenbar; diese törichte Welt erkennt mich nicht, den Ungeborenen, Unveränderlichen.

26. Ich kenne die vergangenen, gegenwärtigen und zukünftigen Dinge, o Arjuna; mich aber kennt Niemand.

27. Infolge der durch die Gegensätze bewirkten Verwirrung, die aus Begierde und Abneigung entspringt, o Nachkomme des Bharata, geraten alle Wesen bei ihrer Entstehung in Verblendung[2]), o Bedränger der Feinde.

28. Diejenigen Menschen aber, welche gute Werke tun, deren Sünde zu Ende ist, lieben mich in standhafter Ergebenheit, wenn sie von der durch die Gegensätze bewirkten Verwirrung befreit sind.

29. Diejenigen, welche im Vertrauen auf mich nach der Erlösung von Alter und Tod streben, kennen jenes Brahman, das ganze höchste Selbst und das gesamte Werk.

30. Diejenigen, welche mich erkennen als eins mit dem höchsten Gewordenen, der höchsten Gottheit und dem höchsten Opfer, erkennen mich auch zur Zeit des Dahinscheidens mit ergebenem Sinn.

ACHTER GESANG.

Arjuna sprach:

1. Was ist dieses Brahman? was das höchste Selbst? was das Werk, o Erhabenster? Und was heißt das höchste Gewordene? was wird die höchste Gottheit genannt?

---

[1]) *Yoga-mâyâ* nach Śaṃkara's Auffassung. Vgl. vorher v. 14.

[2]) D. h. sie befinden sich von dem Augenblicke der Geburt an in dem Zustande der Verblendung.

2. Wie und was ist hier in diesem Leibe das höchste Opfer, o Madhutöter? Und wie bist du zur Zeit des Dahinscheidens zu erkennen von denen, die sich selbst beherrschen?

Der Erhabene sprach:

3. Das Brahman ist das unvergängliche Höchste; [dessen] Wesen wird das höchste Selbst genannt; die erschaffende Tätigkeit [1], die das Werden und Entstehen der Dinge bewirkt, führt den Namen Werk;

4. Das höchste Gewordene ist [alles] vergängliche Dasein [d. h. die Gesamtheit des Gewordenen], und die höchste Gottheit ist das Urwesen [oder höchste Wesen] [2]; das höchste Opfer bin ich selbst in diesem Leibe [3], o bester der Menschen.

---

[1]) Die Kommentatoren erklären *visarga* als Opferdarbringung.

[2]) Hiraṇyagarbha nach Śaṃkara. — Über eine andere Auffassung von *adhyâtma, adhibhûta* und *adhidaivata* in der Anugîtâ s. bei Böhtlingk.

[3]) Für Lorinser, Bhagavadgîtâ 136, 137, ist an dieser Stelle der christliche Einfluß besonders deutlich erkennbar; er sagt darüber: „Es scheint mir höchst wahrscheinlich, ja evident zu sein, daß die hier zu Grunde liegende Idee aus der christlichen Lehre von dem großen, welterlösenden Opfer des menschgewordenen Gottes herstamme .... Wenn Kṛshṇa, als Inkarnation des Vishṇu, von sich sagt: er selbst sei in diesem seinem (menschlichen) Leibe das höchste Opfer, so müßte man in der Tat blind sein, um hierin nicht einen so merkwürdigen Anklang an die Grundlehre des Christentums zu sehen, daß man, bei dem vollständigen Mangel ähnlicher Ideen in anderen altindischen Urkunden, an dem christlichen Ursprunge dieser Vorstellung und Ausdrucksweise nicht mehr zweifeln kann." In Wirklichkeit aber erklärt sich unsere Stelle, wie alles in der Bhagavadgîtâ enthaltene, aus echt-indischen Anschauungen. Ahnliche Ideen fehlen in anderen altindischen Urkunden keineswegs, Lorinser hat sie nur nicht gekannt. Eine geradezu stehende Wendung in der Literatur der Brâhmaṇas ist der Satz *yajño vai Viṣṇuḥ* „das Opfer fürwahr ist Viṣṇu" (vgl. die Belegstellen im PW. unter Viṣṇu 1, b). Nachdem der vedische Viṣṇu, wenn auch nicht die oberste und mächtigste, so doch die erhabenste und heiligste Göttergestalt geworden war, lag bei der damaligen Neigung, aus Ähnlichkeiten und Parallelen Identisches zu machen, nichts näher als dasjenige, was für die Brahmanen

5. Und wer in der Todesstunde mit dem Gedanken an mich von dem Körper sich löst und dahinscheidet, der geht in mein Wesen ein; darüber besteht kein Zweifel.

6. Und wenn Jemand mit dem Gedanken an irgend eine [andere] Daseinsform im Tode den Körper verläßt, so geht er ebenso zu dieser ein, o Sohn der Kuntî, jedesmal umgeformt zu dieser Daseinsform.

7. Deshalb gedenke zu allen Zeiten an mich und kämpfe! Wenn du auf mich den inneren Sinn und den Verstand gerichtet hältst, so wirst du zu mir eingehen; da ist kein Zweifel.

8. Zu dem höchsten göttlichen Wesen gelangt derjenige, o Sohn der Pṛthâ, der an dieses mit einem der Vertiefung in andauernde Meditation geweihten und nicht anderswohin schweifenden Sinne denkt.

9. Wer an den uralten Seher, den Leiter, der feiner ist als das Feine, den Erhalter des Alls, dessen Gestalt nicht vorzustellen ist, den sonnenfarbigen jenseits des Dunkels gedenkt

10. In der Zeit des Dahinscheidens, mit beständigem Sinn, von Liebe erfüllt und von der Kraft der Versenkung, indem er den Atem in der rechten Weise zwischen den Augenbrauen festhält, der gelangt zu jenem höchsten göttlichen Wesen.

11. Die Stätte werde ich dir in Kürze beschreiben, die die Vedakenner unvergänglich nennen, zu der die von Begierden freien Asketen eingehen, und nach der verlangend man einen enthaltsamen Lebenswandel führt.

12. Wer alle Tore [d. h. die Sinne] verschließt und den inneren Sinn im Herzen zurückhält, den Lebensodem

---

auf Erden das Höchste und Heiligste war, mit dem Höchsten und Heiligsten in der jenseitigen Welt gleich zu setzen. An diese im indischen Altertum geläufige Vorstellung knüpft der Verfasser unseres Verses an, wenn er den mit Viṣṇu identifizierten Kṛṣṇa sich das „höchste Opfer“ nennen läßt.

in das Haupt verlegt [1]) und sich die Erhaltung der Versenkung angelegen sein läßt,

13. [Wer] das einsilbige heilige Wort Om ausspricht, mit dem Gedanken an mich, und so den Körper verlassend dahinscheidet, der erreicht das höchste Ziel.

14. Leicht zu erreichen bin ich, o Sohn der Pṛthâ, für den Yogin, der immerdar Versenkung übt, der seinen Sinn auf nichts anderes richtet und unablässig, beständig an mich denkt.

15. Die Hochsinnigen, zur höchsten Vollendung Gelangten werden, wenn sie zu mir eingegangen sind, nicht [mehr] der Wiedergeburt teilhaft, die eine vergängliche Stätte der Schmerzen ist.

16. [Alle] Welten bis [hinauf] zu Brahman's Welt unterliegen der Wiederkehr [2]), o Arjuna; wenn man aber zu mir eingegangen ist, o Sohn der Kuntî, so gibt es keine Wiedergeburt [mehr].

17. Diejenigen, welche wissen, daß für Brahman ein Tag tausend Weltperioden währt und eine Nacht nach tausend Weltperioden endet, sind die Menschen, die da Tag und Nacht kennen.

18. Aus dem Nichtwahrnehmbaren [d. h. aus der Urmaterie] gehen alle wahrnehmbaren Einzeldinge hervor beim Anbruch des Tages; beim Anbruch der Nacht lösen sie sich in eben jenem auf, welches das Nichtwahrnehmbare genannt wird.

19. Diese Gesamtheit der Dinge hier, nachdem sie immer aufs neue entstanden ist, löst sich auf beim Anbruch der Nacht; ohne es zu wollen geht sie, o Sohn der Pṛthâ, wieder hervor beim Anbruch des Tages.

20. Jenseits dieses Nichtwahrnehmbaren [3]) aber ist noch ein

---

[1]) D. h. wer den Atem oben in der Nase festhält.

[2]) D. h. die Wesen in allen Welten, die des persönlichen Gottes Brahman mit eingeschlossen, werden wiedergeboren.

[3]) L. mit den Kommentatoren *'vyaktât* mit elidiertem a privativum. S. auch Böhtlingk zu der Stelle.

anderes nichtwahrnehmbares ewiges Wesen, das, wenn alle Dinge vergehen, nicht zugrunde geht.

21. Das nichtwahrnehmbare, unvergängliche heißt es; man nennt es das höchste Ziel, nach dessen Erreichung man nicht [zu einem neuen Weltdasein] wiederkehrt. Dies ist meine höchste Stätte.

22. Dieser höchste Geist aber, o Sohn der Pṛthâ, in dem [alle] Wesen sich befinden, von dem dieses All durchdrungen ist, kann durch die Verehrung erreicht werden, die auf nichts anderes sich richtet.

23. In welcher Zeit aber dahinscheidend die Yogins zur Nichtwiederkehr und [in welcher sie] zur Wiederkehr gelangen, diese Zeit will ich dir beschreiben, o bester der Bharatas.

24. [Wenn das] Feuer [brennt, wenn das] Licht [scheint, bei] Tag, [in der Monatshälfte] vom Neumond zum Vollmond, [während der] sechs Monate von der Winter- zur Sommersonnenwende — in diesen [Zeiten] dahinscheidend gehen die Menschen, die das Brahman kennen, zu dem Brahman ein[1]).

25. [Wenn] Rauch [sich bildet, bei] Nacht, [in der Monatshälfte] vom Vollmond zum Neumond, [während der] sechs Monate von der Sommer- zur Wintersonnenwende — in diesen [Zeiten dahinscheidend] gelangt der Yogin zu dem Licht des Mondes und kehrt [von dort später wieder zu dieser Welt] zurück.

26. Denn diese zwei, der helle und der dunkle, gelten für die beiden ewigen Wege der [ganzen] Welt; auf dem einen gelangt man zur Nichtwiederkehr, auf dem andern kehrt man wiederum zurück.

27. Kein Yogin, der diese beiden Pfade kennt, o Sohn der Pṛthâ, gerät in Verwirrung; deshalb sei zu allen Zeiten des Yoga beflissen, o Arjuna.

28. Der Yogin, der alles dieses weiß, gelangt über den Lohn der frommen Werke hinaus[2]), der für [das Studium der] Veden, für Opfer, Bußen und Spenden verheißen ist, und erreicht die höchste, oberste Stätte.

---

[1]) Nach den Kommentatoren: in den Zeiten, die von den Gottheiten des Feuers, des Lichtes, des Tages usw. beherrscht werden; dementsprechend erklären sie auch den folgenden Vers durch Bezugnahme auf die angeblichen Gottheiten des Rauches, der Nacht usw. — Der Inhalt von v. 24 und 25 schließt sich an eine alte mystische Spielerei an, die uns sowohl in der Chând. (5. 10. 1fg.) wie in der Bṛhadâr. Up. (6. 2. 15, 16) erhalten ist.

[2]) Böhtlingk bevorzugt die Lesart *abhyeti* (des Mbh. ed. Vardh.) „erlangt den Lohn".

NEUNTER GESANG.

Der Erhabene sprach:

1. Nun aber werde ich dir, da du kein Spötter bist, die verborgenste Erkenntnis samt dem Wissen [1]) mitteilen; wenn du diese erkannt hast, wirst du von dem Übel befreit werden.

2. Dies ist die Königswissenschaft, das Königsgeheimnis, das höchste Läuterungsmittel, das intuitiv zu erkennende, heilige, sehr leicht anzuwendende, unvergängliche.

3. Diejenigen Menschen, welche nicht an diese heilige Lehre glauben, o Bedränger der Feinde, gelangen nicht zu mir, sondern kehren zurück auf dem Pfade des Weltdaseins, das zum Tode führt.

4. Von mir wird diese ganze Welt durchdrungen in unsichtbarer Form; in mir weilen alle Dinge, aber ich weile nicht in ihnen [2]).

5. Und [in Wahrheit] weilen auch die Dinge nicht in mir. Schau [diese] meine göttliche Wundermacht! Mein Selbst erhält die Dinge und läßt die Dinge werden, aber weilt nicht in den Dingen.

6. Wie die überallhindringende weite Luft immerdar in dem Raume sich befindet, so — erkenne es — weilen alle Dinge in mir.

7. Alle Dinge, o Sohn der Kuntî, gehen in die mir gehörige [d. h. von mir abhängige] Urmaterie [3]) ein am Ende eines Weltalters; am Anfang des [neuen] Weltalters lasse ich sie wiederum [daraus] hervorgehn.

8. Meiner Natur zufolge [4]) lasse ich immer wieder diese ganze Gesamtheit der Dinge hervorgehn ohne ihren Willen, durch die Kraft der Natur.

---

[1]) S. III. 41 Anm.

[2]) Weil mein geistiges Wesen keine innere Verbindung mit irgend etwas eingeht, weil mir — wie dem (als Gleichnis in Vers 6 angeführten) Raum — nichts anhaftet; vgl. VII. 12 und *matsthâni bhûtâni* Mbh. XII. 12935.

[3]) Vgl. VII. 4, 5, VIII. 18. Mehrfach fließen die beiden Bedeutungen von *prakṛti*, „Natur“ und „Urmaterie“, in einander.

[4]) Zu IV. 6 macht Böhtlingk darauf aufmerksam, daß *prakṛtiṃ svâm avaṣṭabhya* gleichbedeutend sei mit *prakṛtiṃ svâm adhiṣṭhâya*. Aber auch in diesem Ausdruck und in *prakṛter vaśât* am Ende des Verses steckt der Nebensinn Urmaterie.

9. Aber diese Werke fesseln mich nicht. o Schätzeerbeuter, weil ich [dabei] wie ein Unbeteiligter verharre und nicht an diesen Werken hänge [1]).

10. Unter meiner Aufsicht bringt die Urmaterie hervor, was sich bewegt und nicht bewegt; aus diesem Grunde [d. h. infolge meiner Aufsicht] dreht sich die Welt im Kreise, o Sohn der Kuntî.

11. Weil ich menschliche Gestalt angenommen habe, verachten die Toren, die mein höchstes Wesen nicht erkennen, mich, den großen Herrn [aller] Dinge,

12. Die Einsichtslosen mit den eitlen Hoffnungen, den eitlen Werken und dem eitlen Denken, die der verwirrenden dämonischen und ungöttlichen Natur anhängen [2]).

13. Die Hochsinnigen aber, o Sohn der Pṛthâ, die der göttlichen Natur anhängen, verehren mich, den Sinn auf nichts anderes richtend, weil sie mich als den unvergänglichen Ursprung [aller] Dinge erkennen.

14. Indem sie mich immerdar preisen und mir zustreben, ihren Gelübden treu, und indem sie mich liebevoll verehren, dienen sie mir in steter Ergebenheit.

15. Und Andere wiederum dienen, indem sie mit dem Opfer der Erkenntnis [3]) opfern, mir als dem Einen, [oder] als dem [von der Erscheinungswelt] verschiedenen, [oder] als dem in vielfachen Formen [d. h. Manifestationen] allerorts gegenwärtigen.

16. Ich bin das vedische Opfer, ich bin das herkömmliche Opfer, ich bin der Manentrank, ich bin das Kraut [4]), ich bin der Spruch, ich bin die Opferbutter, ich bin das Feuer, ich bin das ins Feuer dargebrachte;

17. Ich bin der Vater dieser Welt, die Mutter, der Ordner, der Ahnherr, das zu erkennende, das Läuterungsmittel, das [heilige] Wort Om, Rig-, Sâma- und Yajurveda,

---

[1]) D. h. weil ich kein persönliches Interesse an ihnen habe.

[2]) Vgl. VII. 15.

[3]) Vgl. IV. 25, 33, XVIII. 70.

[4]) Aus dem die Speise bereitet wird.

18. Das Ziel, der Erhalter, der Herr, der Erschauer, die Wohnstätte, die Zuflucht, der Freund, der Ursprung, das Ende, der Hort, der Behälter, der unvergängliche Same.

19. Ich ströme die Wärme aus, ich halte den Regen zurück und entsende ihn; ich bin Unsterblichkeit und Tod, Sein und Nichtsein [1]), o Arjuna.

20. Die Kenner der drei Veden, die den Soma trinken und von der Sünde geläutert sind, verehren mich mit Opfern und erbitten von mir den Eingang zum Himmel; diese gelangen zu der heiligen Welt des Götterfürsten [Indra] und genießen die himmlischen Freuden der Götter im Himmel.

21. Wenn sie diese große Himmelswelt genossen haben, so gehen sie [wieder], nachdem ihr Verdienst erschöpft ist, in die irdische Welt ein; in dieser Weise werden diejenigen, welche Wünsche hegend dem Gesetz der drei [Veden] folgen, des Gehens und Kommens [2]) teilhaft.

22. Den Menschen, die mich verehren, indem sie sich in ihren Gedanken mit nichts anderem beschäftigen, [sondern] stets [meiner Verehrung] widmen, verschaffe ich sicheren Erfolg.

23. Auch diejenigen, welche als Verehrer anderer Gottheiten diesen opfern, von Glauben erfüllt, opfern [in Wirklichkeit] nur mir, o Sohn der Kuntî, [wenn auch] nicht der Form nach.

24. Denn ich bin der Genießer und der Herr aller Opfer; aber jene kennen mich nicht in Wahrheit; darum sinken sie [wieder zu irdischem Dasein] hinab.

25. Die den Göttern dienen, gehen zu den Göttern ein; die den Ahnen dienen, zu den Ahnen; die den bösen Wesen opfern, zu den bösen Wesen; ebenso meine Verehrer zu mir.

---

[1]) D. h. das noch nicht zur Entfaltung gekommene.

[2]) D. h. des Eingehens in die Himmelswelt und der Rückkehr zu einem irdischen Dasein.

26. Von dem Frommgesinnten, der mir Blätter, Blumen, Früchte und Wasser in Liebe darbringt, genieße ich dieses [mir] liebevoll vorgesetzte.

27. Was du tust, was du issest, was du opferst, was du spendest, was für Askese du übst, o Sohn der Kuntî, [alles] dieses tue so, als wäre es mir geweiht.

28. So wirst du von den Fesseln der Werke befreit werden, sowohl von denen, welche erfreuliche, als auch von denen, welche unerfreuliche Früchte tragen; [und] ob du dich nun dem Aufgeben oder der Ausübung [der Werke] [1]) widmest, wirst du als ein Erlöster zu mir gelangen.

29. Ich bin der gleiche allen Wesen gegenüber; Niemand ist mir verhaßt und Niemand lieb. Die mir aber in Liebe anhängen, sind in mir, und in ihnen bin auch ich.

30. Selbst wenn ein arger Bösewicht mich liebt und nichts anderes [neben mir], so muß er für gut erachtet werden; denn er ist von rechtem Entschluß.

31. Schnell wird er frommgesinnt und auf ewig der Ruhe teilhaft. O Sohn der Kuntî, erkenne es: wer mich liebt, geht nicht zugrunde.

32. Selbst diejenigen, o Sohn der Pṛthâ, welche von niedriger Geburt sind, Frauen, Vaiśyas und Śûdras, gelangen ja, wenn sie zu mir ihre Zuflucht nehmen, zum höchsten Ziel;

33. Wie viel mehr edle Brahmanen und [mich] liebende königliche Weise! Da du in diese vergängliche, freudlose Welt gelangt bist, so diene mir,

34. Richte deinen Sinn auf mich, liebe mich, opfere mir, verehre mich! So wirst du zu mir eingehen [2]), wenn du in dieser Weise dich der Ergebung weihest, ganz mit mir beschäftigt.

---

[1]) Wegen *saṃnyâsa-yoga*° verweist Böhtlingk mit Recht auf V. 1.

[2]) Ebenso XVIII. 65.

ZEHNTER GESANG.

Der Erhabene sprach:

1. Höre nun weiter, o Starkarmiger, mein erhabenstes Wort, das ich dir, der du daran Gefallen findest, künden werde mit dem Wunsche, dir wohlzutun.

2. Weder die Götterscharen noch die großen Weisen wissen von meiner Entstehung[1]); denn ich bin in jeder Art der Ursprung der Götter und der großen Weisen.

3. Wer unter den Sterblichen ohne Irrtum mich als den ungeborenen und anfanglosen großen Herrn der Welt kennt, der wird von allen Sünden frei.

4. Verstand, Erkenntnis, Nichtverwirrung, Geduld, Wahrhaftigkeit, Selbstbeherrschung, Ruhe, Freude, Schmerz, Entstehung, Untergang, Furcht und Furchtlosigkeit,

5. Niemand Leides tun, Gleichmäßigkeit, Zufriedenheit, Askese, Freigebigkeit, Ruhm, Schande — [alle] diese verschiedenartigen Zustände der Wesen stammen allein von mir.

6. Die sieben alten großen Weisen und die vier Manus[2]), von denen [alle] diese Geschöpfe in der Welt [abstammen], sind meines Wesens und aus [meinem] Geiste entsprungen [d. h. durch meinen bloßen Willen entstanden].

7. Wer diese meine Machtäußerung und Wunderkraft in Wahrheit kennt, der gelangt in den Besitz einer unerschütterlichen[3]) Ergebung. Darüber ist kein Zweifel.

8. Mit dem Gedanken, daß ich der Ursprung von Allem bin, daß Alles von mir ausgeht, verehren mich die Verständigen, von Liebe [zu mir] erfüllt.

---

[1]) Ergänze: und der Begriff ist auch nicht auf mich anwendbar, da ich seit Ewigkeit existiere.

[2]) Deren je einer als Schöpfer und Ordner zu Anfang eines jeden Weltalters aufgetreten ist.

[3]) *avikampena;* über die Lesart *avikalpena* s. Böhtlingk's Bemerkungen.

9. Ihr Denken auf mich richtend, ihr Leben mir weihend, einander belehrend und von mir sprechend, sind sie immerdar zufrieden und froh.

10. Diesen stets ergebenen, [mich] mit Liebe verehrenden verleihe ich diejenige Ergebung des Herzens, durch welche sie zu mir gelangen.

11. Bei diesen allein vernichte ich, in meinem eignen Wesen verharrend, um meiner Gnade willen die aus der Unwissenheit entstandene Finsternis mit der flammenden Leuchte der Erkenntnis.

Arjuna sprach:

12. Das höchste Brahman, die höchste Stätte, das höchste Läuterungsmittel bist du. Den ewigen göttlichen Geist, den Urgott, den Ungeborenen, Alldurchdringenden

13. Nennen dich alle Weisen, auch der göttliche Weise Nârada, Asita, Devala und Vyâsa; und du selbst sagst es mir.

14. Alles dieses halte ich für wahr, was du mir verkündest, o Schönhaariger. Wie du dich offenbarst, o Erhabener, wissen ja weder Götter noch Dämonen;

15. Nur du allein kennst dich selbst durch dich selbst, o höchstes Wesen, der du die Dinge werden lässest, o Herr der Dinge, Gott der Götter, Herrscher der Welt.

16. Du [allein] kannst [mir] vollständig künden, [welches] deine göttlichen Entfaltungen [sind], in welchen Entfaltungen du diese Welten beständig durchdringst.

17. Wie soll ich dich erkennen, o Wunderkräftiger, durch immerwährendes Nachdenken? Und in was für Formen bist du, o Erhabener, von mir vorzustellen?

18. Beschreibe mir weiter ausführlich deine Wunderkraft und Entfaltung, o Bedränger der Menschen; denn [noch] bin ich nicht satt, den Nektar [deiner Worte] zu hören.

Der Erhabene sprach:

19. Wohlan, so will ich dir verkünden, [welches] meine göttlichen Entfaltungen [sind], der Hauptsache nach, o bester der Kurus; [denn] ein Ende meiner Ausdehnung gibt es nicht.

20. Ich bin das Selbst, o Guḍâkeśa, das in den Herzen aller Wesen weilt; ich bin der Anfang und die Mitte und auch das Ende der Wesen;

21. Unter den Âdityas bin ich Viṣṇu, unter den Gestirnen die strahlende Sonne, Marîci bin ich unter den Maruts, unter den Sternen der Mond;

22. Unter den Veden bin ich der Sâmaveda[1]), unter den Devas bin ich Vâsava [= Indra], unter den Sinnen bin ich der innere Sinn; ich bin das Bewußtsein der Wesen;

---

[1]) „Cited with approval and enlarged upon in Mbh. XIII, 14. 323" (= v. 915 Calc. ed.), Hopkins, Great Epic 369. Daß an dieser Stelle, wo Kṛṣṇa sich mit dem Ersten und Vornehmsten jeder Art identifiziert, unter den Veden der Sâmaveda genannt ist und nicht der Rigveda oder der Yajurveda (in dessen Schule die Umformung des Mahâbhârata wahrscheinlich vor sich gegangen ist, Hopkins, Great Epic 368), hat wohl die Verwunderung eines Jeden erregt, der sich mit der Bhagavadgîtâ beschäftigt hat. Aber eine befriedigende Erklärung habe ich nirgends gefunden. Hopkins, Great Epic 2, sagt bloß, daß seine besondere Heiligkeit (*vimala*) nicht der Grund dafür sei, daß der Sâmaveda in der Gîtâ und im Anuśâsanaparvan (XIII) an der Spitze stehe. Und die Begründung des Samanvayabhâṣya, daß der Sâmaveda am meisten die Herzen fortreiße (*niratiśayena cittâkarṣakatva-hetoḥ*), ist natürlich nicht ernst zu nehmen; ein ähnlicher Gedanke war schon von Madhusûdana Sarasvatî ausgesprochen, der an dieser Stelle den Sâmaveda mit den Worten *gâna-mâdhuryeṇâ 'tiramaṇîyaḥ* auslobt. Die von Telang, Introd. S. 19, 20 angeführten Stellen aus dem Ait. Br. und einigen Upaniṣads, in denen von einem Vorrang des Sâmaveda die Rede sein soll, scheinen mir ziemlich belanglos zu sein, namentlich die törichte Legende Ait. Br. 3. 23. 1. Ich glaube deshalb, daß die Voranstellung des Sâmaveda in dem obigen Verse auf einem der beiden folgenden Gründe beruht: entweder hat der Überarbeiter der Gîtâ den Sâmaveda hier an die Spitze der Veden gestellt, weil er der gesungene Veda ist, oder er hat sich einfach an eine (freilich nicht nachweisbare) Quelle aus der Literatur des Sâmaveda angelehnt, die ihm gerade in Erinnerung war. Nebenbei sei darauf hingewiesen, daß in dem gleichfalls der erweiterten (nicht der ursprünglichen) Bhagavadgîtâ angehörigen Verse IX. 17 die drei älteren Veden in der herkömmlichen Anordnung stehen. Wenn in den spätesten Teilen des Mbh. die Voranstellung des Sâmaveda nicht ungewöhnlich ist (Hopkins, Religions of India 390 Anm.), so liegt da gewiß eine Anlehnung an die obige Gîtâ-Stelle vor.

23. Unter den Rudras bin ich Śaṃkara [= Śiva], der Herr der Reichtümer [Kubera] unter den Yakṣas und Rakṣas, unter den Vasus bin ich der Feuergott, der Meru unter den Bergen;

24. Und wisse, o Sohn der Pṛthâ, daß ich unter den Hauspriestern der vorzüglichste bin, [nämlich] Bṛhaspati; unter den Feldherrn bin ich Skanda [der Kriegsgott] unter den Gewässern das Meer;

25. Unter den großen Weisen bin ich Bhṛgu, unter den Worten die eine [heilige] Silbe [Om], unter den Opfern bin ich das Opfer des Gebets, unter den Gebirgen der Himâlaya;

26. Der heilige Feigenbaum unter allen Bäumen, unter den göttlichen Weisen Nârada, unter den Gandharvas Citraratha, unter den Heiligen der Seher Kapila;

27. Wisse, daß ich unter den Rossen der Uccaiḥśravas bin [d. h. der König der Rosse], der bei [der Quirlung des Ozeans zum Zwecke der Gewinnung des] Unsterblichkeitselixirs entstand, der Airâvata [Indra's Elephant] unter den großen Elephanten, und unter den Männern der König;

28. Unter den Waffen bin ich der Donnerkeil, unter den Kühen die Wunschkuh. Ich bin die erzeugende Liebe. Unter den Schlangen bin ich [der Schlangenkönig] Vâsuki;

29. Unter den Nâgas [1]) bin ich Ananta, unter den Wassergeschöpfen Varuṇa, unter den Manen bin ich Aryaman, unter den Gewalthabern Yama [2]) [der König der Unterwelt];

30. Prahlâda bin ich unter den Dämonen, die Zeit unter den treibenden [Kräften] [3]), unter den wilden Tieren bin ich der König der Tiere [der Löwe], und unter den Vögeln der Sohn der Vinatâ [4]);

31. Der Wind bin ich unter den Reinigern, Râma unter den Kriegern, unter den Fischen bin ich der Delphin, unter den Strömen die Tochter des Jahnu [der Ganges];

32. Ich bin der Anfang und das Ende und auch die Mitte der Schöpfungen [5]), o Arjuna; ich bin die Wissenschaft von der

---

[1]) Mythischen Wesen, halb Mensch, halb Schlange.

[2]) *Yamaḥ saṃyamatâm aham*, „alluding to the later derivation of Yama from *yam*, control", Hopkins, Religions of India 397, Anm. 2.

[3]) Nach Anderen: die Zeit unter den oder für die Rechnenden (Zählenden).

[4]) D. h. der heilige Vogel Garuḍa, Viṣṇu's Reittier.

[5]) Böthlingk vermutet hier für *sarga* die Bedeutung Kapitel und denkt an die Sargas des Râmâyaṇa.

höchsten Seele unter den Wissenschaften, die Disputation der Disputierenden;

33. Unter den Buchstaben bin ich das A, und in der Gruppe der Komposita das kopulative. Ich bin die unvergängliche Zeit [1]), ich bin der überallhinblickende Schöpfer;

34. Ich bin der alles dahinraffende Tod und der Ursprung des Zukünftigen, und unter den weiblichen [Genien] Ruhm, Glück, Rede, Gedächtnis, Weisheit, Standhaftigkeit und Nachsicht.

35. Ferner bin ich unter den Sâman-Liedern das Bṛhatsâman [2]), unter den Metren die Gâyatrî, unter den Monaten der Mârgaśîrṣa [3]), unter den Jahreszeiten der Frühling.

36. Ich bin das Würfelspiel unter den betrüglichen Dingen, ich bin der Glanz der Glänzenden, ich bin der Sieg, ich bin die Entschlossenheit, ich bin die Güte der Guten.

37. Unter den [d. h. in dem Geschlechte der] Vṛṣṇis bin ich Vâsudeva, unter den Pâṇḍavas der Schätzeerbeuter [d. h. du, Arjuna]; ebenso bin ich Vyâsa unter den Asketen, und unter den Sehern der Seher Uśanas [4]).

38. Die Zucht der Zähmenden bin ich, das kluge Verfahren bin ich der nach Sieg begierigen, auch das Schweigen bin ich, [das] über den Geheimnissen [waltet], ich bin die Erkenntnis der Erkennenden.

39. Und was auch immer der Same aller Dinge ist, das bin ich, o Arjuna; es gibt kein bewegliches oder unbewegliches Ding, das ohne mich sein könnte.

40. Kein Ende gibt es meiner göttlichen Entfaltungen, o Bedränger der Feinde; hier aber ist von mir die Ausdehnung meiner Entfaltung [nur] andeutungsweise gelehrt worden.

41. Ein jedes Ding, das machtvoll, schön oder gewaltig ist, das erkenne du als entsprossen aus einem Teile meiner Kraft.

---

[1]) Da die Zeit schon eben in v. 30 genannt war, wird man v. 33 mit der gräulichen Geschmacklosigkeit der ersten Zeile für einen noch späteren Einschub halten dürfen. Man vergleiche die in Böhtlingk's Bemerkungen angeführte Interpolation, die sich in der Dubliner Handschrift hinter v. 34 findet.

[2]) *bṛhatsâmâ* bei Schlegel-Lassen ist bereits im PW. in *bṛhatsâma* verbessert.

[3]) D. h. der erste Monat des Jahres.

[4]) Böhtlingk bemerkt, daß mit den Ausgaben des Mbh. *Uśanâ* zu lesen ist.

42. Doch was brauchst du, o Arjuna, dies [alles] ausführlich zu wissen[1]? Ich durchdringe immerwährend diese ganze Welt [schon] mit einem Teile [meines Wesens].

ELFTER GESANG.

Arjuna sprach:

1. Infolge dieser erhabenen und geheimnisvollen, über die höchste Seele handelnden[2]) Worte, die zu meinem Heil von dir gesprochen worden sind, ist diese meine Verwirrung geschwunden.

2. Über das Entstehen und Vergehen[3]) der Wesen habe ich ja ausführlich von dir gehört[4]), o Lotusblattaugiger, und auch über [deine] unvergängliche Größe.

3. So ist es, wie du dich selbst, o höchster Gott, beschrieben hast. [Nun aber] wünsche ich deine göttliche Gestalt zu schauen, o höchstes Wesen.

4. Wenn du meinst, daß diese von mir geschaut werden kann, o mächtiger Herr der Wunderkraft, so zeige du mir dich selbst, den Unvergänglichen.

Der Erhabene sprach:

5. So erblicke, o Sohn der Pṛthâ, meine Gestaltungen zu Hunderten und Tausenden, die verschiedenartigen, göttlichen, die von verschiedenen Farben und Formen sind.

6. Erblicke die Âdityas, die Vasus, die Rudras, die Aśvins und die Maruts! Viele vordem nicht geschaute wunderbare Erscheinungen erblicke, o Nachkomme des Bharata!

---

[1]) L. *jñâtena* mit den Kommentatoren und dem Mbh. ed. Calc. und ed. Vardh. (Böhtlingk) anstatt *jñânena* bei Lassen.

[2]) Eigentlich: nach der höchsten Seele benannten.

[3]) L. mit den Kommentatoren und den Mbh.-Ausgaben *bhavâpyayau*, was schon Lassen in den Adnotationes empfohlen hat.

[4]) Im neunten Gesange.

7. Hier in meinem Leibe erblicke heute die ganze Welt vereinigt samt [allem] Beweglichen und Unbeweglichen, o Guḍâkeśa und was immer sonst du zu schauen wünschest.

8. Aber du wirst nicht imstande sein, mich mit diesem deinem eignen Auge anzuschauen. Ich gebe dir ein göttliches Auge. Nun sieh meine göttliche Wunderkraft.

Saṃjaya sprach:

9. Nachdem er so gesprochen, da, o König, zeigte Hari, der große Herr der Wunderkraft, dem Sohn der Pṛthâ seine höchste göttliche Gestalt

10. Mit vielen Munden und Augen, mit vielen wunderbaren Dingen anzuschauen, mit vielem himmlischen Schmuck, viele himmlische Waffen schwingend,

11. Himmlische Kränze und Kleider tragend, mit himmlischen Wohlgerüchen und Salben ausgestattet, voll von allen Wundern, die göttliche, unendliche, mit Gesichtern in allen Richtungen.

12. Wenn am Himmel der Glanz von tausend Sonnen gleichzeitig hervorbräche, so würde dieser ähnlich sein dem Glanz dieses Gewaltigen.

13. Da erblickte der Pâṇḍava [d. i. Arjuna] in diesem Leibe des Gottes der Götter die ganze Welt vereinigt, die mannigfach geteilte.

14. Da neigte sich der Schätzeerbeuter, von Staunen erfüllt, das Haar gesträubt, mit dem Haupte vor dem Gott und sprach mit zusammengelegten Händen:

Arjuna sprach:

15. Ich erblicke, o Gott, in deinem Leibe die Götter und alle die Scharen der verschiedenen Wesen, Brahman den Herrn auf seinem Lotussitze, alle Weisen und die himmlischen Schlangen[1]).

16. Mit vielen Armen, Bäuchen, Munden und Augen erblicke ich dich, dessen Gestalt von allen Seiten unbegrenzt ist. Kein Ende, keine Mitte, auch keinen Anfang erblicke ich an dir, o allgestaltiger Herr des Alls.

---

[1]) S. oben S. 128 Anm. 1.

17. Ein Diadem, eine Keule und einen Diskus tragend, — als eine nach allen Seiten hin strahlende Lichtmasse — so erblicke ich dich, den schwer anzuschauenden, ringsum wie flammendes Feuer und wie die Sonne leuchtenden, unermeßlichen.

18. Du bist das unvergängliche, höchste zu erkennende, du bist der erhabene Behälter dieses Alls, du bist der ewige Behüter des unveränderlichen Gesetzes; als das uranfängliche Wesen wirst du von mir angesehen.

19. Ohne Anfang, Mitte und Ende, von unendlicher Kraft, mit zahllosen Armen, mit Sonne und Mond als Augen, so erblicke ich dich, mit einem Munde aus flammendem Feuer, durch deine Glut dieses All erwärmend.

20. Dieser Raum zwischen Himmel und Erde ist ja von dir allein erfüllt, und alle Himmelsgegenden. Bei dem Anblick dieser deiner wunderbaren und grausigen Gestalt sind die drei Welten bestürzt, o Gewaltiger.

21. Denn jene Götterscharen [dort] nahen sich dir [schutzflehend]; einige lobsingen, in Furcht die zusammengelegten Hände vorstreckend; die Scharen der großen Weisen und Heiligen preisen dich unter Heilrufen mit vielen Lobliedern.

22. Die Rudras und Âdityas, die Vasus und die Sâdhyas, die Viśvas, die Aśvins, die Maruts und die den Dampf [der Opferspeisen] schlürfenden [Manen], die Scharen der Gandharvas, der Yakṣas, der Dämonen und Heiligen, alle schauen sie mit Staunen auf dich.

23. Beim Anblick deiner mächtigen Gestalt, o Starkarmiger, mit den vielen Munden und Augen, den vielen Armen, Schenkeln, Füßen und den vielen Bäuchen, der von vielen Zähnen grausig starrenden, sind die Welten bestürzt und auch ich.

24. Denn wie ich dich erschaue, den Himmel berührend, strahlend, vielfarbig, mit geöffnetem Munde, mit strahlenden großen Augen, finde ich, in der innersten Seele erzitternd, weder Mut noch Ruhe, o Viṣṇu.

25. Und beim Anblick deiner von Zähnen grausig starrenden Munde, die dem Feuer der Weltvernichtung gleichen, erkenne ich die Himmelsrichtungen nicht [mehr] und finde keine Zuflucht. Sei gnädig, o Herr der Götter, du Stütze der Welt!

26. Und alle jene Söhne des Dhṛtarâṣṭra [dort] samt den Scharen der Könige, Bhîṣma, Droṇa und jener Sohn des Wagenlenkers [d. i. Karṇa], zusammen auch mit den vorzüglichsten von unseren Kriegern, gehen in dich,

27. In deine Munde eilig ein, in die von Zähnen grausig starrenden, schrecklichen. Einige erscheinen, mit zermalmten Häuptern in den Spalten zwischen den Zähnen hängend.

28. Wie die vielen Wasserfluten der Ströme [1]) zu dem Meere hin eilen, so gehen jene Helden der Menschenwelt in deine ihnen entgegenflammenden [2]) Munde ein.

29. Wie Motten ins brennende Feuer fliegen zu ihrem Untergange mit großer Eile, so gehen auch die Menschen zu ihrem Untergange in deine Munde mit großer Eile ein.

30. Ringsum die Menschen allesamt verschlingend beleckst du sie mit deinen flammenden Munden. Mit ihrem Glanz erfüllen und erwärmen deine gewaltigen Strahlen die ganze Welt, o Viṣṇu.

31. Verkünde mir, wer du bist in dieser furchtbaren Gestalt! Verehrung sei dir, o erster der Götter! Sei gnädig! Zu erkennen begehre ich dich, den Uranfänglichen; denn ich verstehe dein Tun nicht.

Der Erhabene sprach:

32. Der mächtige Tod bin ich, der die Vernichtung der Menschen bewirkt, und habe mich hierher begeben, um die Menschen zu vertilgen. Auch ohne dich [d. h. auch

---

[1]) Bei Schlegel-Lassen ist der Druckfehler *nâdînâṃ* in *na*° zu verbessern.

[2]) V. l. *abhito jvalanti* „in deine ringsum flammenden Munde“.

ohne dein Zutun][1]) werden alle die Krieger, die in den sich feindlich begegnenden Schlachtreihen stehen, nicht [am Leben] bleiben.

33. Darum erhebe dich, erwirb Ruhm, besiege die Feinde und erfreue dich einer glücklichen Herrschaft! Von mir sind diese schon vorher getötet; nur das Werkzeug sei du, der du [auch] mit der linken Hand geschickt bist.

34. Droṇa, Bhîṣma, Jayadratha, Karṇa und ebenso auch die andern heldenhaften Kämpfer, die [bereits] von mir getötet sind, töte du! Sei nicht verzagt! Kämpfe! Du wirst die Gegner in der Schlacht besiegen.

Saṃjaya sprach:

35. Nachdem er diese Rede des Schönhaarigen gehört, verneigte sich der Träger des Diadems [d. i. Arjuna] mit zusammengelegten Händen, zitternd, und sprach wiederum zu Kṛṣṇa stammelnd, in großer Furcht, vornüber geneigt:

Arjuna sprach:

36. Mit Recht, o Hṛṣîkeśa, freut sich die Welt, dich zu rühmen, und findet ihre Lust daran; [mit Recht] laufen die Dämonen in Furcht nach [allen] Richtungen [von dannen], und neigen sich [vor dir] alle die Scharen der Heiligen.

37. Weshalb auch sollten sie sich nicht vor dir beugen, o Gewaltiger, dem ersten Schöpfer, der du größer bist als Brahman selbst? O unendlicher Herr der Götter, Stütze der Welt, du bist das Unvergängliche, Sein und Nichtsein[2]) und was jenseits von diesen [beiden] ist.

38. Du bist der Urgott, das uranfängliche Wesen, du bist der erhabene Behälter dieses Alls; du bist der Erkenner und das zu erkennende, die höchste Stätte. Von dir wird das All durchdrungen, o Unendlichgestaltiger.

---

[1]) Schlegel: Te solo excepto

[2]) Vgl. IX. 19.

39. Du bist Vâyu, Yama, Agni, Varuṇa [und] der Mond; du bist Prajâpati und der Ahn[1]). Verehrung, Verehrung sei dir tausendfältig! Und wiederum und immer wieder Verehrung, Verehrung dir!

40. Verehrung dir von vorne und von hinten! Verehrung sei dir von allen Seiten, o der du Alles bist! Du bist von unendlicher Kraft und von unermeßlicher Stärke. Alles durchdringst du, darum bist du Alles.

41. Was ich, für einen Freund dich haltend, rasch gesprochen „o Kṛṣṇa, o Yâdava, o Freund"! in Unkenntnis dieser deiner Größe, aus Unachtsamkeit oder auch aus Liebe,

42. Und was für unehrerbietige Behandlung du [von mir] Scherzes halber erfahren hast beim Wandern, Liegen, Sitzen und Essen, allein oder auch, o Unerschütterlicher, in Gegenwart dieser [Gefährten], — für [alles] das bitte ich dich, den Unermeßlichen, um Verzeihung.

43. Du bist der Vater der Welt, der beweglichen und der unbeweglichen; du bist ihr anzubetender und ehrwürdigster Lehrer[2]). Niemand ist dir gleich; wie könnte [also] ein Andrer größer sein [als du], dessen Macht in allen drei Welten ihres Gleichen nicht hat?

44. Deshalb suche ich, mich verneigend und den Körper niederwerfend, dich zu besänftigen, den verehrungswürdigen Herren. Gleichwie der Vater dem Sohn, wie der Freund dem Freunde, der Geliebte der Geliebten[3]), wollest du mir, o Gott, verzeihen.

---

[1]) *prapitâmaha*, d. h. offenbar Brahman, der sonst bekanntlich sehr oft *pitâmaha* genannt wird. Die Erklärungen der Kommentatoren sind pedantisch; Śaṃkara (und nach ihm das Samanvayabhâṣya) deutet das Wort als „Vater selbst Brahman's", Śrîdharasvâmin als „Vater Prajâpati's".

[2]) Ich lese mit Śaṃkara *gurur*; vgl. auch Schlegel's und Böhtlingk's Anmerkungen zu der Stelle.

[3]) Der unregelmäßige Sandhi (= *priyâyâḥ arhasi*) wird auch von Śrîdharasvâmin, Madhusûdana Sarasvatî und im Samanvayabhâṣya angenommen. Eine ähnliche Unregelmäßigkeit ist *śakya aham* v. 48 und 54.

45. Erfreut bin ich zu sehen, was vordem nie gesehen worden ist, und [doch] erzittert mein Herz vor Furcht. Zeige mir, o Gott, [wieder] dieselbe Gestalt [wie früher]! Sei gnädig, o Herr der Götter, Stütze der Welt!

46. Als den Diademträger, mit der Keule und dem Diskus in der Hand, ebenso [wie früher] begehre ich dich zu schauen. Nimm wieder dieselbe vierarmige Gestalt[1]) an, o Tausendarmiger, Allgestaltiger!

Der Erhabene sprach:

47. Da ich dir gnädig gesinnt bin, o Arjuna, habe ich [dir] diese meine höchste Gestalt gezeigt durch meine eigne Wunderkraft, die glänzende, allumfassende, endlose, uranfängliche, die von keinem Andern außer dir jemals geschaut worden ist.

48. Nicht durch [Kenntnis der] Veden, durch Opfer und Studium, nicht durch Gaben, auch nicht durch [fromme] Werke [und] nicht durch gewaltige Bußübungen kann ich in solcher Gestalt in der Menschenwelt von einem Andern außer dir erblickt werden, o großer Kuru-Held.

49. Sei nicht in Angst, nicht in Bestürzung beim Anblick dieser meiner so grausigen Gestalt. Ohne Furcht, mit freudigem Herzen schaue du jetzt wieder meine Gestalt, dieselbe [wie früher].

Saṃjaya sprach:

50. Nachdem Vâsudeva so zu Arjuna gesprochen hatte, zeigte er ihm wieder seine eigene Gestalt; und es beruhigte der Gewaltige ihn, den erschreckten, indem er wieder ein freundliches Äußere annahm.

---

[1]) In der Kṛṣṇa gewöhnlich dargestellt wird. Hier liegt meines Erachtens eine Gedankenlosigkeit des Verfassers vor, da Arjuna doch vorher den Kṛṣṇa in der Gestalt eines menschlichen Helden zur Seite gehabt hat; vgl. auch v. 51. Anders Schlegel.

Arjuna sprach:

51. Beim Anblick dieser deiner menschlichen, freundlichen Gestalt, o Bedränger der Menschen, bin ich jetzt [wieder] ruhigen Gemüts geworden und in meinen natürlichen Zustand gelangt.

Der Erhabene sprach:

52. Sehr schwer zu erblicken ist diese meine Gestalt, die du gesehen hast; selbst die Götter begehren beständig nach dem Anblick dieser Gestalt.

53. Nicht durch [das Studium der] Veden, nicht durch Buße, nicht durch Spenden noch durch Opfer kann ich in solcher Form gesehen werden, wie du mich gesehen hast.

54. Aber infolge einer Verehrung, die auf nichts anderes gerichtet ist, kann man mich in solcher Form, o Arjuna, erkennen und in Wirklichkeit erblicken und [zu mir] eingehen, o Bedränger der Feinde.

55. Wer seine Werke um meinetwillen tut, wer sich mir ganz hingibt und mich liebt, wer frei ist von dem Hange [zu den Dingen dieser Welt] und ohne Feindschaft gegen alle Wesen, der gelangt zu mir, o Pâṇḍava[1]).

ZWÖLFTER GESANG.

Arjuna sprach:

1. Die so in immerwährender Ergebung und Liebe dir dienen, oder die dem Unvergänglichen, Unerkennbaren[2]) [dienen], welche von diesen [beiden] kennen die Ergebung am besten?

---

[1]) Dieser Vers wird von den Kommentatoren mit Recht als die Quintessenz der ganzen Bhagavadgîtâ bezeichnet. Wegen des ersten Satzes vgl. XII. 10.

[2]) D. h. dem (neutralen) Brahman.

Der Erhabene sprach:

2. Die ihren Sinn auf mich richten und mir in steter Ergebung dienen, von dem höchsten Glauben erfüllt, die gelten mir als die Ergebensten.

3. Diejenigen aber, welche dem unvergänglichen, unbeschreiblichen, unerkennbaren, allgegenwärtigen und nicht vorzustellenden, dem unveränderlichen, unbeweglichen, beständigen [Brahman] dienen,

4. Die Schar ihrer Sinne im Zaum haltend, gegen Alle die gleiche Gesinnung hegend[1]) und an dem Wohlergehen aller Wesen sich freuend, die gelangen freilich [auch] zu mir.

5. Die Mühe [aber] ist größer für diejenigen, welche mit ihrem Denken an dem Unerkennbaren hängen; denn das Ziel, das nicht erkennbar ist, wird von den bekörperten Wesen schwer erreicht.

6. Die aber alle Werke auf mich beziehen, sich mir ganz hingebend, und mir dienen, indem sie an mich mit einer auf nichts anderes gerichteten Ergebung denken,

7. Deren Gedanken mir gewidmet sind, denen werde ich alsbald zum Erretter aus dem Meere des Weltdaseins, das zum Tode führt, o Sohn der Pṛthâ.

8. Nur mir wende dein Herz zu, auf mich richte deinen Sinn! [Dann] wirst du künftig bei mir wohnen; [darüber] ist kein Zweifel.

9. Wenn du es aber nicht vermagst, deinen Sinn auf mich beständig zu richten, so strebe mich zu erreichen, o Schätzeerbeuter, durch die Vertiefung in andauernde Meditation.

10. Bist du [aber] auch nicht andauernder Meditation fähig, so sei ganz darauf bedacht, mir mit Werken zu dienen. Auch wenn du um meinetwillen Werke tust, wirst du zur Vollkommenheit gelangen.

---

[1]) *sarvatra samabuddhayaḥ* wohl so nach nach der Parallelstelle VI. 9, und nicht „stets gleichmütig".

11. Wenn du aber auch dies zu tun nicht imstande bist, als einer, der sich der Ergebung in mich widmet, so leiste Verzicht auf die Frucht aller Werke, indem du dich selbst bezähmst.

12. Denn Erkenntnis ist besser als anhaltende Meditation[1]); höher als die Erkenntnis steht die Beschauung, [höher] als die Beschauung der Verzicht auf die Frucht der Werke; aus [solchem] Verzicht folgt der Friede unmittelbar.

13. Wer keins von allen Wesen haßt, wer liebevoll und mitleidig, ohne Eigennutz und ohne Selbstsucht ist, wem Schmerz und Freude gleich gelten, wer geduldig,

14. Zufrieden, immerdar ergeben, voll Selbstbeherrschung und von fester Entschlossenheit ist, wer seinen Sinn und Verstand auf mich richtet und mich liebt, der ist mir teuer.

15. Vor wem die Welt nicht zittert und wer vor der Welt nicht zittert, wer frei ist von Freude, Ärger, Furcht und Unruhe, auch der ist mir teuer.

16. Wer unbekümmert [um die Dinge dieser Welt], rein, tatkräftig, unparteiisch und unverzagt ist, [wer] alle Unternehmungen aufgibt[2]) und mich liebt, der ist mir teuer.

17. Wer weder Freude noch Haß, weder Kummer noch Verlangen empfindet, wer weder des Angenehmen noch des Unangenehmen achtet und voll Liebe [für mich] ist, der ist mir teuer.

18. Wer der Gleiche ist gegen Feind und Freund, und ebenso in Ehre und Verachtung, wer der Gleiche ist bei Kälte und Hitze, bei Freude und Schmerz, frei von dem Hange [zu weltlichen Dingen],

19. Wem Tadel und Lob dasselbe gelten, wer schweigsam ist und zufrieden mit [allem], was auch immer [ihm

---

[1]) Die der durch Belehrung hervorgerufenen vollkommenen Erkenntnis entbehrt (Śaṃkara, Śrîdharasvâmin und Samanvayabhâṣya).

[2]) Die um des Erfolges willen in Angriff genommen werden.

zuteil wird, wer] heimatlos, standhaften Sinns und voll Liebe [für mich ist], der Mann ist mir teuer.

20. Diejenigen aber, welche sich diesem hier beschriebenen heiligen [Mittel zur Erreichung der][1]) Unsterblichkeit widmen, gläubig, mir ganz ergeben und [mich] liebend, sind mir über alle Maßen teuer.

DREIZEHNTER GESANG.

Der Erhabene sprach:

1. Dieser Leib, o Sohn der Kuntî, führt den Namen „Feld"; wer diesen kennt [d. h. der Geist], den nennen die Eingeweihten den „Kenner des Feldes".

2. Und wisse auch, daß ich der Kenner des Feldes in allen Feldern bin, o Nachkomme des Bharata. Die Erkenntnis des Feldes und des Kenners des Feldes gilt mir als [wahre] Erkenntnis.

3. Was [nun] und von welcher Art dieses Feld ist, welchen Veränderungen es unterliegt und woher es kommt, ferner wer dieser [Kenner des Feldes] und welches seine Macht ist, das höre [jetzt] in Kürze von mir.

4. [Dieser ist] von Weisen in verschiedenen Liedern vielfach und in eigentümlicher Weise besungen und mit den wohlbegründeten Worten des Brahmasûtra festgestellt worden[2]).

---

[1]) Nach Śaṃkara's Erklärung.

[2]) Dieser eingeschobene Vers in der Übersetzung Böhtlingk's, dessen Verbesserung *viniśćitam* (statt *viniśćitaiḥ*) mich vollkommen überzeugt hat. Auch seinen weiteren Ausführungen zu der Stelle muß ich zustimmen, da mir die abweichenden Auffassungen der meisten (indischen und europäischen) Erklärer hinsichtlich des *brahmasûtra* nie eingeleuchtet haben. Ich bin auch der Meinung, daß man nur an das Sûtra des Bâdarâyaṇa zu denken hat; denn von einem andern Brahmasûtra haben wir doch keine Kunde. Unter den Liedern (*chandas*) in der ersten Zeile verstehe ich Upaniṣads. Vgl. Mbh. (ed. Calc.) XII. 8971: *yat tan maharṣibhir dṛṣṭaṃ vedânteṣu ca gîyate* „Was von den großen Weisen [in den Saṃhitâs] erschaut ist und in den Upaniṣads gesungen wird".

5. Die großen[1]) Elemente, der Ahaṃkâra, die Buddhi und das Unentfaltete [d. h. die Urmaterie], die zehn [äußeren] Sinne und der eine [innere Sinn] und die fünf Bereiche der Sinne [2]),

6. Begierde, Haß, Freude, Schmerz, der Komplex der körperlichen Bestandteile (*saṃghâta*) [3]), Bewußtsein und Ausdauer, das ist, kurz gesagt, das „Feld" samt seinen Entfaltungen.

7. Demut, Aufrichtigkeit, Niemand Leides tun, Nachsicht, Redlichkeit, Ehrerbietung dem Lehrer gegenüber, Reinheit, Standhaftigkeit, Selbstbezwingung,

8. Gleichgiltigkeit gegen die Sinnesobjekte und Selbstlosigkeit, Wahrnehmung der Schäden von Geburt, Tod, Alter, Krankheit und Schmerz,

9. Freiheit von dem Hange [zu weltlichen Dingen] und von der Zuneigung zu Kindern, Gattin, Haus usw., und beständiger Gleichmut bei erwünschten und unerwünschten Ereignissen,

10. Und unwandelbare Liebe zu mir mit auf nichts anderes gerichteter Ergebung, Aufsuchen von einsamen Orten, Abneigung gegen Menschenmassen,

11. Beständigkeit der Erkenntnis des höchsten Selbstes und Verständnis des Zweckes der Wahrheitserkenntnis, — dies heißt Erkenntnis; Nichterkenntnis [heißt], was davon verschieden ist.

12. Was das zu erkennende ist, das werde ich [nun] beschreiben, durch dessen Erkenntnis man die Unsterblichkeit erreicht. Das anfanglose höchste Brahman [ist es]. Weder seiend noch nichtseiend wird es genannt.

---

[1]) So genannt, weil sie alles durchdringen, was durch Umwandlung aus ihnen entstanden ist (Śaṃkara).

[2]) D. h. die fünf Klassen der Sinnesobjekte.

[3]) Nach Böhtlingk, dessen Auffassung übrigens mit der Śaṃkara's und des Samanvayabhâṣya (*saṃghâtaḥ dehendriyâṇâṃ saṃhatiḥ*) übereinstimmt.

13. Mit Händen und Füßen auf allen Seiten, mit Augen, Häuptern und Angesichtern auf allen Seiten, mit Ohren auf allen Seiten begabt, wohnt dieses in der Welt, das All erfüllend,

14. Mit den Eigenschaften aller Sinne erleuchtet[1], [aber] aller [dieser] Sinne [selbst] bar, an nichts hängend und doch alles erhaltend, frei von den Guṇas und [doch] die Guṇas genießend.

15. Es ist außerhalb und innerhalb der Wesen, es ist das Unbewegliche und das Bewegliche, es ist wegen seiner Feinheit unerkennbar, es ist fern sowohl als nah.

16. Nicht verteilt wohnt es in den [einzelnen] Wesen, und [doch] als ob es verteilt wäre. Erkennen muß man es als das die Wesen erhaltende, [wieder] verschlingende und [wieder] schaffende.

17. Es wird das Licht selbst der Lichter genannt[2]), [das Licht], das jenseits der Finsternis ist[3]); es ist die Erkenntnis, das zu erkennende, das durch die Erkenntnis zu erreichende, das im Herzen eines Jeden wohnende.

18. Hiermit ist das „Feld" sowie die Erkenntnis und das zu erkennende in Kürze beschrieben. Wer mich liebt und dieses [d. h. das eben vorgetragene] weiß, geht zu meinem Wesen ein.

19. Die Materie (*prakṛti*) und den Geist erkenne beide als anfanglos; die Umgestaltungen und die Guṇas erkenne als materiell[4]).

20. Die Ursache für die Tätigkeit des Produkts [d. h. des Körpers] und der Faktoren [die den Körper bilden][5]) heißt Prakṛti[6]); Geist heißt die Ursache für die Empfindung von Freude und Schmerz.

21. Denn der Geist, der in der Materie wohnt, genießt die materiellen[7]) Guṇas [oder vielmehr ihre Äußerungen, Freude, Schmerz, Betäubung usw.]. Der Hang

---

[1]) Böhtlingk: „die Eigenschaften aller Sinnesorgane zu haben scheinend".

[2]) Gemeint ist die Kraft, die die himmlischen Lichterscheinungen leuchten läßt.

[3]) D. h. das von der Finsternis nicht verdunkelt werden kann.

[4]) S. III. 5 Anm.

[5]) D. h. der inneren Organe, der Sinne und der Elemente.

[6]) Hier würde das Wort *prakṛti* mit „Natur" zu übersetzen sein, wie öfters in Bhag. (s. Einl. S. 53).

[7]) S. III. 5 Anm.

zu diesen Guṇas ist die Ursache für seine Geburten aus gutem oder schlechtem Mutterschoß.

22. Zuschauer, Gewährer, Erhalter, Genießer, großer Herr, auch höchstes [d. h. wahres] Selbst[1]) wird der erhabene Geist in diesem Leibe genannt.

23. Wer so den Geist und die Materie samt den Guṇas kennt, der wird nicht wieder geboren, wie auch immer er leben möge[2]).

24. Einige erschauen infolge der Meditation das Selbst in dem Selbst durch das Selbst, Andere infolge der Vertiefung in die Sâṃkhya-Lehre und [wieder] Andere infolge der Ausübung der Werke[3]);

25. Andere aber, die [das Selbst] auf diese Weise nicht erkennen, hören [seine Beschreibung] von Anderen und verehren es; auch diese überwinden den Tod, wenn sie ganz der gehörten Belehrung sich hingeben.

26. So oft irgend ein Wesen entsteht, ein unbewegliches [d. h. ein Baum oder eine Pflanze] oder ein bewegliches, so wisse, o bester der Bharatas, [daß dieses] aus der Verbindung des „Feldes" und des „Kenners des Feldes" [hervorgeht, d. h. aus der Verbindung von Körper und Geist].

27. Wer da sieht, daß der höchste Herr als derselbe in allen Wesen wohnt und bei deren Vergehen nicht vergeht, der ist sehend.

28. Denn wer den Herrn als denselben in Allem wohnen sieht, der richtet sich selbst nicht durch sich selbst zugrunde[4]) und erreicht dann das höchste Ziel.

---

[1]) Wegen *paramâtman* vgl. VI. 7 Anm.

[2]) D. h. nach der in diesen Versen (von v. 19 an) vorgetragenen konsequenten Sâṃkhya-Lehre, der zufolge nur die Erkenntnis, unabhängig von dem moralischen Verhalten, zur Erlösung führt.

[3]) S. die Anm. zu V. 4. — Böhtlingk übersetzt *sâṃkhyena yogena, karmayogena* einfach „mittels des Sâṃkhya, mittels der Werke".

[4]) Was er tun würde, wenn er in Unwissenheit verharrte.

29. Wer da sieht, daß aber die Werke insgesamt allein von der Materie getan werden und daß das Selbst nicht der Täter ist, der ist sehend.

30. Wenn Jemand das verschiedenartige Sein der Wesen als in dem Einen ruhend erkennt und die Mannigfaltigkeit [der Erscheinungswelt] als von diesem allein [ausgegangen], so wird er eins mit dem Brahman.

31. Weil es anfanglos und qualitätlos ist, handelt dieses unvergängliche höchste Selbst nicht und wird nicht befleckt, o Sohn der Kuntî, wenn es auch in dem Körper wohnt.

32. Wie der allgegenwärtige Raum wegen seiner Feinheit nicht befleckt wird, so wird auch das in einem jeden Körper wohnende Selbst nicht befleckt.

33. Wie die eine Sonne diese ganze Welt erleuchtet, so erleuchtet der „Herr des Feldes"[1]) das gesamte „Feld", o Nachkomme des Bharata.

34. Diejenigen, welche so mit dem Auge der Erkenntnis den Unterschied zwischen dem „Felde" und dem „Kenner des Feldes" sowie die Erlösung der Wesen von der Materie[2]) verstehen, gelangen zu dem Höchsten.

VIERZEHNTER GESANG.

Der Erhabene sprach:

1. Weiter will ich [dir] die höchste Erkenntnis beschreiben, die vorzüglichste unter den Erkenntnisformen, durch deren Erfassung alle Asketen von hier aus zur höchsten Vollkommenheit gelangt sind.

2. Diejenigen, welche auf diese Erkenntnis gestützt die Wesensgleichheit mit mir erreicht haben, werden selbst bei der [neuen] Erschaffung [der Welt] nicht [wieder]geboren noch kommen sie bei der Weltvernichtung zu Fall.

---

[1]) Gleichbedeutend mit dem sonst in diesem Gesange gebrauchten Ausdruck „Kenner des Feldes".

[2]) Nach Śaṃkara: die Vernichtung der materiellen Natur der Wesen.

3. Mutterschoß ist mir das große Brahman[1]; in dieses lege ich den Keim; aus ihm geschieht die Entstehung aller Wesen, o Nachkomme des Bharata.

4. Welche Körper [auch immer], o Sohn der Kuntî, in allen Mutterschößen sich bilden, für die ist das große Brahman der [wahre] Mutterschoß; ich bin der den Samen gebende Vater.

5. Die materiellen[2] Guṇas, Sattva, Rajas und Tamas mit Namen, binden, o Starkarmiger, den unvergänglichen Geist an den Körper.

6. Unter diesen bindet das Sattva, das wegen seiner Lauterkeit leuchtend ist und Wohlbefinden schafft, durch den Hang zur Freude und durch den Hang zum Erkennen, o Schuldloser.

7. Das Rajas, wisse, hat die Natur der Leidenschaft und läßt Begier und Hang entstehen[3]; es bindet, o Sohn der Kuntî, den Geist durch den Hang zur Tätigkeit.

8. Das Tamas aber, wisse, entsteht aus dem Nichterkennen und betäubt [verwirrt und betört] alle bekörperten [Wesen]; es bindet durch Nachlässigkeit, Trägheit und Schlaf, o Nachkomme des Bharata.

9. Das Sattva bringt [die Seele] mit der Freude in Verbindung, das Rajas mit der Tätigkeit, o Nachkomme des Bharata, das Tamas aber — die Erkenntnis verhüllend — mit der Nachlässigkeit.

10. Das Sattva tritt in Kraft, wenn es das Rajas und Tamas unterdrückt, o Nachkomme des Bharata; das Rajas,

---

[1]) Der sich hier und im folgenden Verse findende Mißbrauch des Wortes *brahman* im Sinne von *prakṛti* hat nach Böhtlingk's Vermutung, die mir sehr wahrscheinlich ist, vielleicht die Veranlassung dazu gegeben, daß in der Sâṃkhyakramadîpikâ unter vielen andern Worten auch *brahman* als Synonymon von *prakṛti* aufgeführt worden ist. Vgl. auch den der Überarbeitung angehörigen Vers III. 15.

[2]) S. III. 5 Anm.

[3]) So mit Śaṃkara, nicht etwa „entspringt aus Begier und Hang".

wenn es das Sattva und Tamas [unterdrückt]; ebenso das Tamas, wenn es das Sattva und Rajas [unterdrückt].

11. Wenn in diesem Leibe in allen Toren [1]) Licht, [d. h.] Erkenntnis, entsteht, so wisse man, daß das Sattva erstarkt ist.

12. Habsucht, Tätigkeit, Unternehmen von Werken, Unruhe, Begehren — diese entstehen, wenn das Rajas erstarkt ist, o bester der Bharatas.

13. Dunkel [d. h. Nichterkenntnis], Untätigkeit, Nachlässigkeit und Betäubung — diese entstehen, wenn das Tamas erstarkt ist, o Sproß des Kuru.

14. Wenn ein bekörpertes Wesen stirbt, während das Sattva erstarkt ist, so gelangt es zu den makellosen Welten derer, die die höchste Erkenntnis besitzen [2]).

15. Wer unter [der Herrschaft des] Rajas stirbt, wird unter den am Werke hängenden [d. h. in der Menschenwelt, wieder]geboren; ebenso wird der unter [der Herrschaft des] Tamas gestorbene aus den Mutterschößen der vernunftlosen [Schöpfung wieder]geboren.

16. Die Frucht des frommen Werkes nennt man sattvaartig [und] makellos; die Frucht des Rajas ist der Schmerz, die Unwissenheit die Frucht des Tamas.

17. Aus dem Sattva entsteht die Erkenntnis, aus dem Rajas die Habsucht, aus dem Tamas gehen Nachlässigkeit, Betäubung und Unwissenheit hervor.

18. Die unter dem [Einfluß des] Sattva stehenden steigen aufwärts [zu den Göttern]; die vom Rajas erfüllten bleiben in der Mitte [d. h. in der Menschenwelt]; die vom Tamas erfüllten, von den Regungen des letzten Guṇa beherrschten sinken abwärts [d. h. werden als Tiere und Pflanzen wiedergeboren].

19. Wenn ein Sehender dessen inne wird, daß kein

[1]) D. h. in den Sinnen und inneren Organen.

[2]) Gemeint sind irgendwelche überirdischen Welten; die Erklärungen der Kommentatoren weichen von einander ab.

Andrer als die Guṇas tätig ist, und [wenn er] das jenseits der Guṇas stehende [Selbst] erkennt, so geht er in mein Wesen ein.

20. Der Mensch, welcher diese drei Guṇas überwunden hat, aus denen die Körper entstehen, gelangt, frei von Geburt, Tod, Alter und Schmerz, zur Unsterblichkeit.

Arjuna sprach:

21. An welchen Merkmalen wird einer [erkannt], der diese drei Guṇas überwunden hat, o Herr? Wie benimmt er sich? Und wie kommt man von diesen drei Guṇas los?

Der Erhabene sprach:

22. Wer das Licht [der Erkenntnis], die Tätigkeit und die Betäubung [1]), o Pâṇḍava, weder haßt, wenn sie obwalten, noch begehrt, wenn sie geschwunden sind,

23. Wer wie ein Unbeteiligter verharrend durch die Guṇas nicht beunruhigt wird, wer mit dem Gedanken „die Guṇas wirken" [2]) sich still verhält [und] nicht rührt,

24. Wem Schmerz und Freude dasselbe sind, wer gesetzten Wesens ist, wem ein Erdkloß, ein Stein und Gold dasselbe sind, wem Angenehmes und Unangenehmes gleich gelten, wer einsichtsvoll ist, wem es gleich ist, ob man ihn tadelt oder lobt,

25. Wer in Ehre und Verachtung sich gleich bleibt, wer der Gleiche ist gegen die Partei der Freunde und die der Feinde, wer alle Unternehmungen aufgibt [3]), von dem wird gesagt, daß er die Guṇas überwunden habe.

26. Und wer mir mit unwandelbarer liebevoller Ergebung dient, der überwindet diese Guṇas und wird des Eingehens in das Brahman teilhaftig.

27. Denn ich bin die Grundlage des Brahman und der unvergänglichen Unsterblichkeit, des ewigen Rechts und des vollkommenen Glückes.

---

[1]) D. h. die wesentlichsten Äußerungen der drei Guṇas.

[2]) Ergänze: „Mein Selbst aber hat mit ihnen nichts gemein". Vgl. III. 28.

[3]) Vgl. XII. 16.

FÜNFZEHNTER GESANG.

Der Erhabene sprach:

1. Unvergänglich nennt man den Aśvattha-Baum [1]) dessen Wurzeln oben und dessen Zweige unten sind, desen Blätter die heiligen Lieder bilden [2]). Wer ihn kennt, der ist vedakundig.

2. Abwärts und aufwärts erstrecken sich seine Zweige [d. h. die Wesen], die durch die Guṇas genährt werden und deren Triebe die Sinnesobjekte sind; und abwärts breiten sich seine Wurzeln aus [d. h. die Begierden] [3]), die zum Handeln führen in der Menschenwelt.

3. Seine Gestalt wird hier [auf Erden] nicht in dieser Weise wahrgenommen, weder sein Ende noch sein Anfang noch seine Dauer. Diesen Aśvattha-Baum, dessen Wurzeln gut ausgewachsen sind, soll man mit dem starken Beile der Gleichgiltigkeit [gegen die Dinge dieser Welt] abhauen

4. Und dann nach jener Stätte trachten, wohin gelangt man nimmer wiederkehrt, [mit dem Gedanken:] „Ich gehe ein zu jenem uranfänglichen Wesen, von dem die alte Flut [des Weltdaseins] ausgeströmt ist".

5. Diejenigen, welche frei sind von Stolz und Betörung, welche den schädlichen Hang [zu den Dingen dieser Welt] überwunden haben, welche beständig sind im [Meditieren über das] höchste Selbst, deren Begierden erloschen sind, welche von den Gegensätzen, die Freude und Schmerz heißen, befreit sind, gehen unbeirrt zu jener unvergänglichen Stätte.

---

[1]) Mit der bekannten Spezies des Feigenbaums, die die Zweige wieder als Wurzeln zur Erde senkt, wird hier das Weltganze verglichen. So schon Ṛ̣V. I. 24. 7 (Geldner, Vedische Studien I. 113) und Kaṭha Up. 6. 1.

[2]) Wie die Blätter dazu dienen, den Baum zu erhalten, so dienen die Vedas zur Erhaltung des Weltbaumes (Śaṃkara).

[3]) Nach den Kommentatoren: die Dispositionen (*vâsanâs*).

6. Die Sonne erleuchtet diese [Stätte] nicht, nicht der Mond, nicht das Feuer[1]). Wohin gelangt man nicht wiederkehrt, das ist mein höchstes Reich.

7. Der ewige Teil von mir, der in der Welt der Lebenden zur Einzelseele geworden ist, zieht die in der Materie ruhenden Sinne [an sich], deren sechster der innere Sinn ist.

8. Wenn der Herr [d. h. die Seele] einen Körper in Besitz nimmt und auch wenn er ihn verläßt, so nimmt er auf seinem Gange diese [Sinne] mit sich, gleichwie der Wind die Gerüche aus ihrem Sitze [mit sich fortträgt].

9. Mittels[2]) des Gehörs, des Gesichts, des Gefühls, des Geschmacks, des Geruchs und des inneren Sinns genießt er die Objekte.

10. Die Toren erkennen ihn nicht als denjenigen, der [aus dem Körper] auszieht oder [in ihm] weilt, oder, mit den Guṇas in Verbindung getreten, [die Objekte] genießt; [aber] diejenigen, welche mit dem Auge der Erkenntnis schauen, sehen ihn.

11. Die Yogins, die danach streben, sehen ihn in sich selbst wohnen, [während] solche, die ungebildeten Geistes und einsichtslos sind, ihn nicht sehen, wenn sie auch danach streben.

12. Den Glanz, der in der Sonne ist und die ganze Welt erleuchtet, der im Monde und der im Feuer ist, den Glanz erkenne als den meinigen.

13. In die Erde eingegangen, erhalte ich die Wesen durch [meine] Kraft, und alle Kräuter ernähre ich, zum saftigen Soma geworden[3]).

---

[1]) Denn diese höchste Stätte besteht selbst aus lauter Licht.

[2]) So *adhiṣṭhâya* im Anschluß an Böhtlingk (vgl. IV. 6). Es ist aber dabei nicht zu übersehen, daß doch durch *adhiṣṭhâya* die bekannte Lehre zum Ausdruck gebracht wird, daß die Seele der *adhiṣṭhâtṛ* der Sinne und der inneren Organe sei.

[3]) Denn der Soma [als König der Pflanzen] ernährt alle Kräuter dadurch, daß er mit seinem eignen Safte in sie eindringt (Śamkara).

14. Zum Feuer geworden, habe ich mich in den Körper der lebenden Wesen begeben und, vereint mit dem Aus- und Einatmen, bewirke ich die Verdauung der vierfachen Speise[1]).

15. Und in dem Herzen eines Jeden wohne ich; von mir kommen Gedächtnis, Erkenntnis und [deren] Verlust[2]). Aus allen Veden bin ich zu erkennen; der Verfasser der Vedântas [d. h. der Upanişads] bin ich und der Kenner der Veden.

16. Diese zwei Wesenheiten gibt es in der Welt: das Vergängliche und das Unvergängliche. Das Vergängliche besteht aus allen Dingen[3]); der unveränderliche [Geist] wird das Unvergängliche genannt.

17. Aber das höchste Wesen ist [noch] ein anderes, „das höchste Selbst" mit Namen, das die drei Welten durchdringt und erhält als ewiger Herrscher.

18. Weil ich jenseits des Vergänglichen und auch höher als das Unvergängliche bin, darum bin ich im alltäglichen Leben wie im Veda als das höchste Wesen gefeiert.

19. Wer mich so in voller Klarheit als das höchste Wesen erkennt, der liebt mich als ein Allwissender von ganzem Herzen[4]), o Nachkomme des Bharata.

20. Hiermit habe ich dir diese verborgenste Wissenschaft mitgeteilt, o Schuldloser. Wer diese begreift, ist weise und hat sein Ziel erreicht, o Nachkomme des Bharata.

SECHZEHNTER GESANG.

Der Erhabene sprach:

1. Furchtlosigkeit, Reinheit des Innern, Beharrlichkeit der Ergebung in die Erkenntnis[5]), Freigebigkeit, Selbstbeherrschung, Opfer, Studium, Askese, Redlichkeit,

---

[1]) D. h. dessen, was geschluckt wird, ohne zerkaut werden zu müssen, was zerkaut, getrunken und aufgeleckt wird.

[2]) So mit den Kommentatoren und Telang; Böhtlingk faßt *apohanam* als „das Bestreiten, Negieren von Unhaltbarem".

[3]) D. h. aus der gesamten Masse der Produkte (Madhusûdana Sarasvatî).

[4]) *sarvabhâvena* hier und XVIII. 62 mit Böhtlingk.

[5]) „Standhaftigkeit in der Bemühung um die Erkenntnis"

2. Niemand Leides tun, Wahrhaftigkeit, Sanftmut, Entsagung, Ruhe, Nichtverräterei, Mitleid gegen die [leidenden] Wesen, Begierdelosigkeit, Milde, Schamhaftigkeit, Stetigkeit,

3. Energie, Nachsicht, Entschlossenheit, Lauterkeit, Wohlwollen, Demut — [diese Eigenschaften] gehören demjenigen an, der zu göttlichem Dasein geboren ist, o Nachkomme des Bharata.

4. Heuchelei, Stolz, Hochmut, Zorn, Unfreundlichkeit und Unwissenheit gehören demjenigen an, der zu dämonischem Dasein geboren ist, o Sohn der Pṛthâ.

5. Das göttliche Dasein führt bekanntlich zur Erlösung, das dämonische zum Gebundensein. Sei nicht betrübt! Du bist zu göttlichem Dasein geboren, o Pâṇḍava.

6. Zwei Arten von geschaffenen Wesen sind in dieser Welt: die göttliche und die dämonische. Die göttliche ist ausführlich beschrieben worden; höre nun von mir [über] die dämonische, o Sohn der Pṛthâ.

7. Die Menschen von dämonischer Art verstehen nicht [recht] zu handeln noch [das Unrechte] zu unterlassen. Weder Reinheit noch frommer Wandel noch Wahrhaftigkeit findet sich bei ihnen.

8. Diese sagen, die Welt sei unwirklich, ohne Halt und ohne einen Herren, nicht in [gesetzmäßiger] Entwicklung entstanden [1]; was anderes sei sie [als] durch das Verlangen hervorgerufen?

Böhtlingk; *jñânayoga* ist auch hier wie immer als terminus technicus der Bhâgavatas anzusehen.

[1]) Hier werden also als Menschen von dämonischer Art diejenigen bezeichnet, welche leugnen, daß die Welt in gesetzmäßiger Entwicklung entstanden sei, d. h. welche nicht an die Kosmologie des Sâṃkhya-Yoga glauben. Böhtlingk liest *aparaṃparâsaṃbhûtaṃ* und übersetzt „nicht in einer bestimmten Reihenfolge entstanden, seinen Ursprung einzig und allein der Willkür verdankend". — Der indische Gelehrte S. L. Gokhale hat mich in einem Brief aus Glasgow

9. In dieser Ansicht befangen, ihre Seele verlierend [1]), von geringer Einsicht, erstehen sie gewalttätig als Feinde der Welt zu [deren] Verderben.

10. Sich unersättlicher Begier ergebend, erfüllt von Heuchelei, Stolz und Übermut, fassen sie aus Torheit schlechte Gedanken und liegen einem unreinen Wandel ob.

11. Endlosem Trachten bis zum Tode hingegeben, gehen sie in dem Genuß begehrter Dinge auf, in der Überzeugung, daß dies alles sei;

12. Mit Hunderten von Banden der Hoffnung gefesselt, ganz voll Begier und Zorn, bemühen sie sich, zum Zwecke des Genusses begehrter Dinge, auf unrechtmäßige Weise Schätze aufzuhäufen.

13. „Dies ist heute von mir gewonnen; diesen Wunsch werde ich erfüllt sehn; dies gehört mir; auch dieser Besitz wird mir wieder zuteil werden;

14. Jener Feind ist von mir getötet; ich werde auch die anderen töten; ich bin Herrscher, ich genieße, ich bin erfolgreich, stark und glücklich;

15. Ich bin reich und von edler Herkunft; welcher Andre ist mir gleich? Ich will opfern [2]), ich will spenden [Leuten, die mich dafür verherrlichen und ergötzen], ich will mich freuen". So denken die von der Torheit verblendeten.

---

vom 26. Mai 1910 freundlichst darauf aufmerksam gemacht, daß dieser Vers sich nicht, wie gewöhnlich angenommen wird, gegen die Cârvâkas richtet, sondern einen Angriff auf den Vedânta enthält. Zu *kâmahaitukam* bemerkt er: The Vedânta doctrine is that the Brahman desired to have progeny: *so 'kâmayata bahu syâṃ prajâyeyeti* (Taitt. Up. 2. 6. 1: Dieser [Âtman] trug das Verlangen: möge ich mich vervielfältigen, möge ich mich fortpflanzen). Diese Auffassung stimmt vortrefflich zu dem schon in der ersten Auflage stehenden Anfang dieser Anmerkung.

[1]) D. h. ohne Aussicht, in die jenseitige Welt zu gelangen (Śaṃkara).

[2]) D. h. „auch im Opfern will ich Andre übertreffen" (Śaṃkara).

16. Von allerlei Gedanken [dieser Art] verwirrt, von dem Netze der Betörung umstrickt, an dem Genusse begehrter Dinge hängend, sinken sie in die unreine Hölle hinab.

17. [Nur] von sich selbst geachtet, aufgeblasen, von Geldstolz und Übermut erfüllt[1]), bringen sie Opfer dar, die nur dem Namen nach Opfer sind, in Heuchelei und unvorschriftsmäßig,

18. Der Selbstsucht, der Gewalttat, dem Stolz, der Begier und dem Zorn ergeben, mich in ihrem eignen Leibe und in denen Andrer hassend[2]) und mißgünstig [gegen die Rechtschaffenen].

19. Diese rohen Hasser, die niedrigsten der Menschen auf den Bahnen des Lebens, die unheiligen schleudere ich ununterbrochen in dämonische Mutterschöße.

20. In dämonischen Mutterschoß geraten, betört von Existenz zu Existenz, sinken sie, nie zu mir gelangend, o Sohn der Kuntî, dann zur niedrigsten Stufe [des Daseins][3]).

21. Dreifach ist dieses Tor der Hölle, das dem Selbst verderbliche: Begier, Zorn und Habsucht. Darum meide man diese drei.

22. Der Mann, welcher, o Sohn der Kuntî, von diesen drei Toren der Finsternis sich fern hält, wirkt zu seinem eignen Heil und gelangt dann zum höchsten Ziel.

23. Wer, ohne die Vorschriften des Gesetzes zu beachten, nach eigenem Belieben handelt, der gelangt nicht

---

[1]) Böhtlingk sagt, daß *dhanamada* und *mânamada* gemeint seien, und übersetzt „stolz auf Habe und Ehre". Das wäre an sich nicht unwahrscheinlich; aber dagegen spricht die Parallelstelle v. 10: *dambha-mâna-madânvitâḥ*.

[2]) D. h. diese Materialisten hassen mich, der ich in ihren eignen Körpern und in denen Andrer als der Zeuge der Gedanken und Taten wohne; und mich hassen ist so viel als meine Gebote übertreten (Śaṃkara).

[3]) D. h. Sie werden zu Würmern, Insekten und dergl. (Śrîdharasvâmin).

zur Vollkommenheit, nicht zur Seligkeit, nicht zum höchsten Ziel.

24. Darum sei das Gesetz dir die Richtschnur bei der Feststellung dessen, was zu tun und was nicht zu tun ist. Das Werk, das du in den Vorschriften des Gesetzes angeordnet findest, sollst du hier [auf Erden] tun.

SIEBZEHNTER GESANG.

Arjuna sprach:

1. Wie aber ist der Zustand[1]) derjenigen, o Kṛṣṇa, welche die Vorschriften des Gesetzes nicht achten und [doch] von Glauben erfüllt opfern? [Ist das] Sattva oder Rajas [oder] Tamas?

Der Erhabene sprach:

2. Von dreierlei Art ist der Glaube; er entsteht aus der [individuellen] Natur der Menschen und ist sattva-, rajas- oder tamasartig. Höre nun [über] ihn!

3. Der Glaube eines Jeden steht in Übereinstimmung mit seinem Innern, o Nachkomme des Bharata. Aus Glauben besteht der Mensch hier, [und] was für einen Glauben einer hat, gerade so ist er[2]).

4. Die Sattvaartigen dienen den Göttern, die Rajasartigen den Yakṣas und Rakṣas, und die andern, die tamasartigen Menschen, dienen den [Seelen der] Verstorbenen und den Scharen der Gespenster[3]).

---

[1]) *niṣṭhâ* bedeutet hier trotz Böhtlingk „innerer Zustand, Sinnesart, Glaubensform". Zu der von Böhtlingk angenommenen Bedeutung „Abschluß, endliches Schicksal" paßt die Antwort Kṛṣṇa's nicht.

[2]) D. h. die Art des Glaubens macht den Menschen.

[3]) Also die moderne Stufenfolge von Animismus, Polydämonismus und Polytheismus von oben aufgezählt.

5. Diejenigen Menschen, welche furchtbare Askese üben, wie sie nicht im Gesetz vorgeschrieben ist, erfüllt von Heuchelei und Selbstsucht, voll von Begier, Leidenschaft und Trotz,

6. Welche einsichtslos die in ihrem Körper vorhandene [d. h. den Körper bildende] Vereinigung der Elemente quälen und auch mich, der ich im Innern des Körpers wohne [1]), die erkenne als von dämonischer Gesinnung.

7. Aber auch die einem Jeden angenehme Speise ist von dreierlei Art; ebenso das Opfer, die Askese und die Gabe. Höre diesen ihren Unterschied.

8. Die Speisen, welche Lebenskraft, Energie, Stärke, Gesundheit, Wohlbefinden und Behagen mehren, die schmackhaft, milde, nahrhaft und erquickend sind, werden von dem Sattvaartigen geliebt.

9. Die Speisen, welche beißend, sauer, salzig, sehr heiß, scharf, kratzend und brennend sind, die Schmerzen, Beschwerde und Krankheit bewirken, sind dem Rajasartigen erwünscht.

10. Die Speise, welche abgestanden, unschmackhaft, stinkend und verdorben [2]) ist, — selbst die aus Überbleibseln bestehende und unreine — wird von dem Tamasartigen geliebt [3]).

11. Dasjenige Opfer, welches der Vorschrift gemäß von solchen dargebracht wird, die keinen Lohn [dafür] be-

---

[1]) D. h. die Leib und Geist durch asketische Selbstpeinigungen mißhandeln.

[2]) Bei Schlegel-Lassen ist *pûti paryuṣitaṃ* in zwei Worte zu zerlegen, worauf auch Böhtlingk aufmerksam macht.

[3]) Diese törichte Beschreibung der „von dem Tamasartigen geliebten Speise" ist eine Folge der Systematisierungssucht. Daß es in Wirklichkeit keine Menschen gibt, die eine Vorliebe für solche Speisen haben, ist schon Madhusûdana Sarasvatî nicht zweifelhaft gewesen, wenn er dem Ausdruck „von dem Tamasartigen geliebt" den Sinn beilegt: „von den Sattvaartigen ängstlich zu meiden".

gehren und [dabei nur] den Gedanken im Sinn haben, daß geopfert werden muß, ist sattvaartig.

12. Wenn aber geopfert wird in Erwartung eines Lohnes oder auch zum Zwecke der Prahlerei, o bester der Bharatas, so wisse, daß dieses Opfer rajasartig ist.

13. Dasjenige Opfer, welches gegen die Vorschrift ist, bei dem keine Speise gereicht wird, bei dem die Sprüche fehlen und [den Brahmanen] kein Opferlohn gegeben wird, das des Glaubens entbehrt, heißt man tamasartig.

14. Verehrung der Götter, Brahmanen, Lehrer und Weisen, Reinheit, offenes Benehmen, Enthaltsamkeit und Niemand Leides tun, [dies] wird die Askese des Leibes genannt.

15. Diejenige Rede, welche keine Aufregung bewirkt, die wahr, freundlich und wohlwollend ist, und die Übung des Vedahersagens wird die Askese des Wortes genannt.

16. Heiterkeit des Gemüts, Milde, Schweigsamkeit, Selbstbeherrschung, Reinheit der Gesinnung, dies wird die Askese des Herzens genannt.

17. Diese dreifache Askese, mit dem vollkommensten Glauben von ergebenen Männern geübt, die keinen Lohn [dafür] begehren, heißt man sattvaartig.

18. Die Askese, welche um der Auszeichnung, Hochachtung und Ehrerweisung willen und in Prahlerei geübt wird, die einen vergänglichen und ungewissen Erfolg hat, wird hier [1]) rajasartig genannt.

19. Die Askese, welche in törichter Absicht unter Selbstpeinigung geübt wird, oder zum Zweck der Vernichtung eines Andern, wird tamasartig geheißen.

20. Wenn eine Gabe mit dem Gedanken, daß sie gegeben werden muß, Jemand gegeben wird, der nichts dafür erweisen kann, am [rechten] Orte, zur [rechten]

---

[1]) Madhusûdana Sarasvatî gibt dem Worte *iha* hier die Bedeutung eines Adjektivs „in dieser (nicht in jener) Welt Frucht tragend".

Zeit und einer würdigen Person, so heißt diese Gabe sattvaartig.

21. Die Gabe aber, welche um eines Gegendienstes willen oder auch nur in Erwartung des Lohnes [gegeben wird], und [diejenige, welche] ungern gegeben wird, heißt rajasartig.

22. Die Gabe, welche an unrechtem Orte, zu unrechter Zeit und unwürdigen Personen gegeben wird, unfreundlich und mit Geringschätzung, wird tamasartig genannt.

23. „Om, Tad, Sat" gilt als die dreifache Bezeichnung des Brahman; durch diese [1]) wurden die Brahmanen, die Veden und die Opfer in der Vorzeit erschaffen.

24. Deshalb beginnen die in den Anordnungen [der Schrift] vorgeschriebenen Werke des Opfers, des Spendens und der Askese bei denen, die das Brahman [kennen und] künden, stets mit dem Aussprechen des Wortes „Om".

25. Mit „Tad" werden die verschiedenartigen Werke des Opfers und der Askese sowie die Werke des Spendens von denen vollbracht, die ohne Erwartung eines Lohnes nach der Erlösung trachten.

26. „Sat" wird angewendet zur Bezeichnung der Realität und der Güte, und ebenso wird das Wort „Sat" gebraucht zur Bezeichnung einer glückverheißenden Handlung, o Sohn der Pṛthâ;

27. Beständigkeit im Opfern, in der Askese und im Spenden wird gleichfalls „Sat" genannt; und auch das Werk, das zu solchen Zwecken dient, führt den Namen „Sat".

28. Was [dagegen] ohne Glauben geopfert, gespendet, an Askese geübt und [überhaupt] getan wird, heißt „Asat", o Sohn der Pṛthâ; nichtig ist dieses nach dem Tode, nichtig hier [auf Erden]!

ACHTZEHNTER GESANG.

Arjuna sprach:

1. Die Wahrheit wünsche ich, o Starkarmiger, zu erfahren über die Weltflucht und über die Entsagung, o Hṛṣîkeśa, [über jede der beiden] besonders, o Vernichter des [Dämonen] Keśin.

---

[1]) D. h. doch wohl: indem der Schöpfer diese heiligen Worte im Sinne hatte oder aussprach.

Der Erhabene sprach:

2. Die Weisen verstehen unter Weltflucht das Aufgeben der Werke, bei denen ein [bestimmter] Wunsch obwaltet; die Einsichtsvollen nennen Entsagung diejenige Entsagung, welche sich auf die Frucht aller Werke bezieht.

3. Die einen Weisen erklären, daß man [jeglichem rituellen] Werk entsagen müsse, weil es eine Schuld enthalte; die andern, daß man den Werken des Opfers, des Spendens und der Askese nicht entsagen solle [1]).

4. Höre [nun] meine Entscheidung über diese Entsagung, o trefflichster der Bharatas: die Entsagung wird, o tapferster der Männer, als dreifach beschrieben.

5. Den Werken des Opfers, des Spendens und der Askese soll man nicht entsagen; diese sind vielmehr zu vollziehen; denn Opfer, Spenden und Askese sind Läuterungsmittel für die Weisen.

6. Aber selbst diese Werke sind zu vollziehen, indem man dem Hange [nach ihnen] und ihren Früchten entsagt. Dies ist meine bestimmte und höchste Ansicht, o Sohn der Pṛthâ.

7. Das Aufgeben des notwendigen [2]) Werkes gebührt sich nicht; wenn man diesem aus Unverstand entsagt, so heißt [solche Entsagung] tamasartig.

8. Wenn Jemand dem Werk entsagt, nur weil es ihm mühselig erscheint, aus Furcht vor Ermüdung des Körpers, so übt er die rajasartige Entsagung und erlangt den Lohn der Entsagung [3]) nicht.

9. Wenn man das notwendige [2]) Werk vollzieht, o Arjuna, indem man nur denkt, daß es vollzogen werden

---

[1]) Die Kommentatoren verstehen mit Recht unter den Ersten die Sâṃkhyas mit Berufung auf Sâṃkhyakârikâ 2, unter den Zweiten die Mîmâṃsakas.

[2]) Vgl. III. 8 und XVIII. 23.

[3]) D. h. die Erlösung, die als Lohn der auf die Erkenntnis gegründeten Entsagung verheißen ist.

muß, und dem Hange [nach ihm] und seiner Frucht entsagt, so gilt diese Entsagung als sattvaartig.

10. Der entsagende, von Sattva erfüllte, einsichtsvolle und von Zweifeln befreite empfindet keine Abneigung gegen unerfreuliches Werk und keinen Hang nach erfreulichem Werk.

11. Kein bekörpertes Wesen kann ja den Werken vollständig entsagen; wer aber den Früchten der Werke entsagt, der wird „entsagend" genannt.

12. Die Frucht des Werkes, die von dreierlei Art ist, unerwünscht, erwünscht und gemischt, wird den Nichtentsagenden nach dem Tode zuteil, aber niemals den Entsagenden.

13. Vernimm von mir, o Starkarmiger, die folgenden fünf in der Sâṃkhya-Lehre [1]) angeführten Ursachen für das Zustandekommen aller Werke:

14. [Es sind] die [materielle] Grundlage [2]), der Täter [3]), die verschiedenartigen Organe, die verschiedenen besonderen Bewegungen und das Schicksal als fünftes neben diesen.

15. Welches Werk [auch immer] — rechtes oder unrechtes — ein Mensch mit Körper, Rede oder Sinn unternimmt, diese fünf [Faktoren] sind seine Ursachen.

16. Da sich dieses so verhält, ist der Tor, der das lautere Selbst in seiner unvollkommenen Einsicht für den Täter ansieht, nicht [in Wahrheit] sehend.

17. Wessen Denken frei ist von dem Wahn, daß sein Ich [d. h. sein Selbst] der Täter sei, wessen Verstand

[1]) Der Umstand, daß das hier gelehrte in dieser Form sich nicht in den vorhandenen Sâṃkhya-Texten vorfindet, hat Śaṃkara (und nach ihm Madhusûdana) zu der ungeheuerlichen Auslegung verführt, daß Sâṃkhya hier im Sinne von Vedânta zu verstehen sei. Was in diesen Versen gesagt ist, läßt sich gut auf der Basis des Sâṃkhya begreifen.

[2]) D. h. der Körper.

[3]) D. h. die empirische (mit dem Innenorgan in Verbindung stehende) Seele.

nicht [von selbstsüchtigen Interessen] befleckt ist, der tötet nicht, wenn er auch [alle] diese Menschen tötet, und wird nicht [durch sein Tun an das Weltdasein] gebunden.

18. Das Erkennen, der Gegenstand des Erkennens und der Erkenner bilden den dreifaltigen Antrieb zum Werke; das Werkzeug, das Werk und der Täter den dreifaltigen Inbegriff des Werkes.

19. Die Erkenntnis, das Werk und der Täter werden [gleichfalls] als von [je] dreierlei Art, dem Unterschiede der Guṇas entsprechend, in der „Aufzählung der Guṇas“ [1]) beschrieben. Höre nun auch, wie es sich mit diesen in Wahrheit verhält.

20. Wisse, daß diejenige Erkenntnis sattvaartig ist, vermöge deren man in allen [von einander] verschiedenen [materiellen] Dingen eine einzige, unvergängliche, ununterschiedene Wesenheit [nämlich die Prakṛti] erblickt.

21. Die Erkenntnis dagegen, welche sich auf die Besonderheit gründet und in allen Dingen verschiedene Wesenheiten mannigfacher Art wahrnimmt, ist, wisse, die rajasartige Erkenntnis.

22. Diejenige aber, welche an einem einzigen Produkte [2]) haftet, als ob dieses alles wäre, die unbegründet, der Wahrheit bar und beschränkt ist, heißt tamasartig.

23. Das Werk wird sattvaartig genannt, welches notwendig [3]) ist und ohne Hang [vollzogen wird], das nicht aus Begier und Abneigung getan wird, [sondern] von Jemand, der keinen Lohn dafür zu erhalten wünscht.

24. Das Werk aber, welches mit vieler Mühe von einem nach Gegenständen der Lust verlangenden oder selbstsüchtigen getan wird, heißt rajasartig.

---

[1]) D. h. im Sâṃkhya-System.

[2]) D. h. nach den Kommentatoren: an dem Leibe oder an einem Götterbilde.

[3]) Vgl. III. 8 und XVIII. 7, 9.

25. Dasjenige Werk, welches ohne Rücksicht auf die Folgen, auf [möglichen] Verlust, auf den Schaden [der Anderen daraus erwachsen kann] und auf die [eigene] Kraft aus Unverstand unternommen wird, heißt tamasartig.

26. Der Täter, welcher frei ist von [jedem] Hang und nicht von sich selbst zu sprechen pflegt, der von Ausdauer und Willenskraft erfüllt ist und beim Gelingen wie beim Mißlingen unverändert bleibt, wird sattvaartig genannt.

27. Der Täter, welcher leidenschaftlich ist und nach dem Lohn des Werkes verlangt, der habsüchtig, von grausamer Art, unrein und von Freude oder Kummer erfüllt ist, wird rajasartig geheißen.

28. Der Täter, welcher unaufmerksam, gemein, aufgeblasen, hinterlistig, unredlich [1]), träge, verzagt und saumselig ist, wird tamasartig genannt.

29. Höre [nun auch] die den Guṇas entsprechende dreifache Verschiedenheit des Verstandes (*buddhi*) und der Ausdauer, die [jetzt von mir] vollständig in ihrer Besonderheit beschrieben wird, o Schätzeerbeuter.

30. Derjenige Verstand, welcher Handeln und Unterlassen [2]), zu tuendes und nicht zu tuendes, Gefahr und Nichtgefahr, Gebundensein und Erlösung versteht, ist sattvaartig, o Sohn der Pṛthâ.

31. Der Verstand, mit welchem man Recht und Unrecht, zu tuendes und nicht zu tuendes unvollkommen [von einander] unterscheidet, ist rajasartig, o Sohn der Pṛthâ.

32. Der Verstand, welcher, von Finsternis umhüllt, Unrecht für Recht und alle Dinge verkehrt ansieht, ist tamasartig, o Sohn der Pṛthâ.

33. Diejenige Ausdauer, welche unwandelbar mit Vertiefung verbunden ist, mit der man die Tätigkeiten des

---

[1]) *naiṣkṛtika* ist bereits im PW. in *naikṛtika* verbessert worden.
[2]) S. XVI. 7.

inneren Sinnes, des Atems und der [äußeren] Sinne zügelt, ist die sattvaartige Ausdauer, o Sohn der Pṛthâ.

34. Die Ausdauer aber, mit welcher Jemand, nach dem Lohn begierig, das Gute, Angenehme und Nützliche, o Arjuna, eifrig verfolgt, ist die rajasartige Ausdauer, o Sohn der Pṛthâ.

35. Die Ausdauer, mit welcher ein Tor Schlaf, Furcht, Kummer, Verzagtheit und Übermut nicht fahren läßt, ist die tamasartige, o Sohn der Pṛthâ.

36. Jetzt aber höre von mir [über] die dreierlei Freude, o bester der Bharatas. Diejenige Freude, in der man bei anhaltendem Genuß[1]) seine Lust findet und an das Ende der Schmerzen gelangt,

37. Die bei ihrem Anfang wie Gift und zuletzt nektargleich [schmeckt], die aus der Klarheit der Erkenntnis des Selbstes entspringt, heißt sattvaartig.

38. Die Freude, welche aus der Berührung der Sinne mit den Objekten entspringt, die bei ihrem Anfang nektargleich und zuletzt wie Gift [schmeckt], wird rajasartig genannt.

39. Die Freude, welche sowohl zu Anfang wie in ihren Folgen das Selbst verblendet, die aus Schlaf, Trägheit und Nachlässigkeit entsteht, heißt tamasartig.

40. Weder auf Erden noch auch im Himmel unter den Göttern gibt es ein Wesen, das von diesen drei materiellen[2]) Guṇas frei wäre.

41. Die Obliegenheiten der Brahmanen, Kṣatriyas, Vaiśyas und Śûdras sind, o Bedränger der Feinde, verteilt nach den Guṇas, die [einer jeden Kaste] von Natur eigen sind[3]).

---

[1]) Im Gegensatz zu sinnlichen Freuden, die nur im Augenblick Genuß gewähren können.

[2]) S. III. 5 Anm.

[3]) Böhtlingk sagt: „Es ist hier nicht von den drei aus der Prakṛti hervorgehenden Qualitäten die Redẹ“. Daß aber *guṇa* auch hier in dem technischen Sinne der Sâṃkhya-Philosophie zu

42. Ruhe, Selbstbezwingung, Askese, Reinheit, Nachsicht und offenes Benehmen, Erkenntnis, Wissen [1]) und Gläubigkeit sind die natürlichen Obliegenheiten des Brahmanen.

43. Tapferkeit, Energie, Ausdauer, Geschicklichkeit und Nichtfliehen im Kampf, Spenden und Ausüben der Herrschermacht sind die natürlichen Obliegenheiten des Kṣatriya.

44. Ackerbau, Viehzucht und Handel sind die natürlichen Obliegenheiten des Vaiśya, und im Dienen besteht die natürliche Obliegenheit des Śûdra.

45. Der Mensch, der an seiner bestimmten Obliegenheit Freude hat, erlangt die Vollkommenheit; wie [aber] der an seiner Obliegenheit sich freuende die Vollkommenheit erreicht, das höre [nun].

46. Indem er durch [Ausübung] seiner Obliegenheit den ehrt, von dem die Wesen ausgehen und von dem dieses All durchdrungen ist, erreicht der Mensch die Vollkommenheit.

47. Besser ist die mangelhafte [Erfüllung der] eignen Pflicht als die rechte Ausübung der Pflicht eines Andern [2])! Wer die ihm von Natur bestimmte Obliegenheit erfüllt, gerät nicht in Verschuldung.

48. Von einer angeborenen Obliegenheit, o Sohn der Kuntî, soll man sich nicht lossagen, wenn sie auch mit Übelständen verbunden ist. Denn alle Unternehmungen sind von Übelständen umgeben, wie vom Rauche das Feuer.

49. Wessen Herz frei von Hang allen Dingen gegenüber ist, wer sich selbst bezwungen hat und begierdelos ist, der gelangt durch Entsagung zu der höchsten Vollkommenheit, das heißt zur Werklosigkeit.

50. Vernimm nun in Kürze von mir, o Sohn der Kuntî, wie der zur Vollkommenheit gelangte auch zum Brahman gelangt, was das höchste Ziel der Erkenntnis ist.

---

verstehen ist, lehrt nicht nur der Parallelismus mit IV. 13, sondern auch der ganze Zusammenhang, in dem unser Vers steht.

[1]) S. III. 41 Anm.

[2]) Ebenso III. 35.

51. Wer ein geläutertes Herz besitzt und sich selbst mit Ausdauer zügelt, wer sich von den Tönen und den anderen Sinnesobjekten lossagt und Begier wie Abneigung fahren läßt,

52. Wer an einsamen Orten weilt, wenig ißt[1]), Rede, Körper und inneren Sinn im Zaum hält, immer nur auf die Übung der Vertiefung[2]) bedacht ist und Gleichgiltigkeit [gegen die Sinnenwelt] sich angelegen sein läßt,

53. Wer sich von Selbstsucht, Gewalttätigkeit, Stolz, Verlangen, Zorn und seiner Habe frei macht, wer ohne Eigennutz und ruhig ist, der wird des Eingehens in das Brahman teilhaftig.

54. Zum Brahman geworden, heiteren Gemüts, empfindet er weder Kummer noch Verlangen; allen Wesen gegenüber gleich [gesinnt] faßt er die höchste Liebe zu mir.

55. Durch die Liebe erkennt er mich, wie groß und wer ich in Wahrheit bin; dann, nachdem er mich in Wahrheit erkannt hat, geht er unmittelbar darauf zu mir ein.

56. Auch wenn er immerdar alle Werke tut, erreicht er, auf mich seine Zuversicht setzend, durch meine Gnade die ewige und unvergängliche Stätte.

57. Alle Werke in Gedanken auf mich beziehend, ganz mit mir beschäftigt, die Ergebung des Herzens pflegend[3]), richte du [darum] dein Denken immerdar auf mich.

58. Wenn du dein Denken auf mich richtest, so wirst du alle Gefahren durch meine Gnade überwinden; wenn du aber aus Überhebung nicht hören willst, so wirst du zugrunde gehen.

59. Wenn du der Überhebung fröhnend, denkst „Ich will nicht kämpfen", so ist dieser dein Entschluß eitel; [deine Kṣatriya-]Natur wird dich dazu treiben.

60. Durch deine angeborene Pflicht, o Sohn der Kuntî, gebunden, wirst du das, was du aus Unverstand nicht tun willst, auch ohne es zu wollen tun.

61. Gott wohnt im Herzen aller Wesen, o Arjuna,

---

[1]) oder: [nur] leichtverdauliche Speisen ißt.

[2]) Im Anschluß an Böhtlingk, der *dhyânayoga* mit „Anwendung der Vertiefung" übersetzt.

[3]) Böhtlingk will *buddhiyogam upâśritya* übersetzen: „den Verstand zu Hilfe nehmend".

und läßt durch seine Wunderkraft (*mâyâ*) alle Wesen herumwirbeln [gleich Figuren] auf einer Puppenbühne.

62. Zu ihm nimm deine Zuflucht von ganzem Herzen, o Nachkomme des Bharata; durch seine Gnade wirst du die höchste Ruhe, die ewige Stätte erreichen.

63. Hiermit ist dir von mir die Lehre mitgeteilt worden, die verborgener ist als das Verborgene. Überlege sie vollständig und dann handle so, wie es dir beliebt.

64. Noch einmal höre das Allerverborgenste, mein erhabenstes Wort! Du bist mir über die Maßen teuer [1]); darum will ich dir verkünden, was dir zum Heile dient.

65. Richte deinen Sinn auf mich, liebe mich, opfere mir, verehre mich! So wirst du zu mir eingehen [2]); das verspreche ich dir feierlich; [denn] du bist mir teuer.

66. Gib alle frommen Bräuche auf und nimm bei mir allein deine Zuflucht! Ich werde dich von allen Sünden erlösen; sei unbesorgt!

67. Dies darfst du niemals Jemand mitteilen, der keine Askese übt, der [mich] nicht liebt, noch auch einem, der nicht hören will, und keinem, der sich an mir ärgert.

68. Wer [aber] dieses höchste Geheimnis unter denen, die mich lieben, verkündet und [selbst] die größte Liebe zu mir hegt, der wird zu mir eingehen; [da ist] kein Zweifel.

69. Niemand unter den Menschen erweist mir mehr Liebes [3]) als dieser, und kein Andrer wird mir auf Erden lieber sein als er.

70. Und wer sich diese heilige Unterredung zwischen uns beiden einprägt, von dem wird mir mit dem Opfer der Erkenntnis [4]) geopfert werden. Das ist meine Meinung.

---

[1]) L. *dṛḍham iti* mit Böhtlingk anstatt *dṛḍhamatis* bei Schlegel-Lassen.

[2]) Ebenso IX. 34.

[3]) Böhtlingk fragt: „Warum nicht *priyakṛttaraḥ*?"; ebenso hätte er zu IV. 36 fragen können: „Warum nicht *pâpakṛttaraḥ*?" und zu XV. 18: „Warum nicht *uttaraḥ*?".

[4]) Vgl. IV. 25, 33, IX. 15.

71. Selbst der Mann, der gläubig und ohne Spott [diese Unterredung] auch nur [hersagen oder vorlesen] hört, wird, [von seiner Sünde] erlöst, in die glücklichen Welten der Frommen gelangen [1]).

72. Ist dies von dir, o Sohn der Pṛthâ, mit ungeteilter Aufmerksamkeit vernommen worden? Ist deine durch das Nichtwissen bewirkte Verwirrung vernichtet, o Schätzeerbeuter?

Arjuna sprach:

73. Vernichtet ist die Verwirrung; die Erinnerung [an das, was ich bin,] ist von mir durch deine Gnade [wieder] gewonnen, o Unerschütterlicher. Fest bin ich, von Zweifel befreit. Ich werde dein Geheiß erfüllen.

Saṃjaya sprach:

74. So habe ich diese Unterredung zwischen Vâsudeva und dem edlen Sohne der Pṛthâ gehört, die wunderbare, welche die Haare sich [vor Wonne] sträuben macht.

75. Durch die Gnade des Vyâsa habe ich dieses höchste Geheimnis vernommen, die [Lehre von der] Ergebung, aus [dem Munde] Kṛṣṇa's, des Herren der Wunderkraft, der sie selbst in eigener Person verkündete;

76. Und, o König, so oft ich mich an diese wunderbare, heilige Unterredung zwischen dem Schönhaarigen und Arjuna erinnere, freue ich mich immer und immer wieder.

77. Und so oft ich mich an jene überaus wunderbare Gestalt Hari's erinnere, erfaßt mich großes Staunen, o König, und ich freue mich stets aufs neue.

78. Wo [d. h. auf welcher Seite] Kṛṣṇa, der Herr der Wunderkraft, wo der Sohn der Pṛthâ, der Bogenschütze, steht, da sind — meine ich — Glück, Sieg, Gedeihen und beständige rechte Führung [2]).

---

[1]) Vgl. VI. 41.

[2]) Die überlieferte Lesart *dhruvâ nîtir* ist meiner Meinung nach — trotz Böhtlingk — der Emmendation Schlegel's *dhruvâṇîti* vorzuziehen.

Anhang.

Über die der Bhagavadgîtâ ursprünglich nicht angehörigen Stellen.

I. 1—19. Diese Verse sind in kleinerer Schrift gegeben, weil sie zu der Beschreibung des großen Kampfes gehören, in welche die Bhagavadgîtâ (Mbh. VI, Adhy. 25—42) eingefügt ist. An v. 19 schließt sich Adhy. 43 an, dessen drei erste Verse jedoch unursprünglich sind; in ihnen wird die Schilderung des vor der Schlacht verursachten Lärms (Adhy. 25, v. 12—19) wieder aufgenommen, — was eine Notwendigkeit für den Erzähler war, um den Leser nach der Einschaltung der Bhag. an die Situation zu erinnern. Adhy. 43, v. 3 cd (*sahasai 'vâ 'bhyahanyanta, sa śabdas tumulo 'bhavat*) ist wörtliche Wiederholung von Adhy. 25, v. 13 cd. Ehe die Bhag. eingeschoben war, folgte also auf Adhy. 25, v. 19 unmittelbar Adhy. 43, v. 4 mit der Angabe, daß die Götter und Halbgötter kommen, um den gewaltigen Kampf zu sehen.

Die Bhag. beginnt mithin nicht, wie die traditionelle Auffassung will, mit v. 1, sondern erst mit v. 20 von Adhy. 25. Das geht schon daraus hervor, daß in v. 20 Arjuna die Feinde in Schlachtordnung sich gegenüber erblickt, während er nach der vorangehenden Beschreibung die feindliche Schlachtreihe längst gesehen haben muß; denn in v. 14, 15 macht er sich bereits zum Angriff auf, indem er mit seiner Muschel in den allgemeinen Schlachtruf einstimmt. Vielleicht ist auch das *atha* zu Anfang von v. 20 ein äußeres Merkmal für den Beginn der Gîtâ.

II. 17 vedântistischer Einschub, veranlaßt durch den im folgenden behandelten Gegensatz zwischen der Vergänglichkeit der Leiber und der Unvergänglichkeit des immer neue Körper annehmenden Geistes, von dem in der Folge nur Ausdrücke masc. gen. gebraucht werden.

II. 72 vedântistischer Anhang.

III. 9—18 Einschub von Mîmâṃsâ-Lehren, die gar nicht in den Zusammenhang passen. An v. 8 schließt sich v. 19 unmittelbar an. In v. 8 wird Arjuna aufgefordert, das *niyataṃ karma* zu vollbringen, d. h. zu kämpfen; in der eingeschobenen Stelle aber wird dem Worte *karman* die Beziehung auf das Opfer gegeben. Der Einschub schließt in v. 17, 18 mit der Schilderung des Mannes, auf den die rituellen Vorschriften keine Anwendung mehr finden, der überhaupt über das Handeln hinaus ist. Mit diesen beiden Versen stehen v. 19 fg. in offenkundigem Widerspruch.

III. 23 unecht aus dem von Böhtlingk angeführten Grunde: „23, b = 4, 11, b, wie schon Schl. bemerkt. Dort ist das Präs. am Platz, hier aber erwartet man den Optativ. 4, 11 also älter als 3, 23!" Dazu kommt, daß der Wortlaut der zweiten Zeile in unserem Vers einen ganz anderen Sinn hat als in IV. 11.

IV. 24 vedântistisch-ritualistischer Einschub, der den Zusammenhang stört und durch *brahmâgnau* in v. 25 (wozu *brahmacarya* zu vergleichen ist) veranlaßt sein dürfte.

IV. 31, 32 vedântistisch-ritualistischer Einschub in die Schilderung des im geistigen Sinne aufgefaßten Opfers.

IV. 34 Interpolation zur Empfehlung der brahmanischen Schulordnung. Zeile 2 widerspricht dem Umstand, daß ja Kṛṣṇa selbst den Arjuna belehrt.

IV. 35
V. 6, 7, 10, 16—22, 24—26 } vedântistische Interpolationen.

VI. 27—32 vedântistischer Einschub, schon äußerlich als solcher daran erkennbar, daß v. 33 sich unmittelbar an v. 26 anschließt.

VII. 7—11, 14, 15, 19, 25, 26, 29, 30 vedântistische Interpolationen; v. 7—11 unterbrechen eine auf der Grundlage des Sâṃkhya ruhende Ausführung; v. 26

nach dem N i e m a n d Gott kennt, ist mit v. 25 deshalb ausgeschieden, weil er dem v. 24 widerspricht, dem zufolge n u r d i e U n v e r s t ä n d i g e n ihn nicht erkennen.

VIII. 1—4, 20—28 } Interpolationen vom Standpunkte
IX. 1—6 } des Vedânta und der brahmanischen Lehre über die für das Sterben günstigen und ungünstigen Zeiten (VIII. 23—27), mit deren Äußerlichkeiten die ursprüngliche Bhag. sicher nichts zu tun gehabt hat. Das zeigt der ganze Charakter des Gedichts. In IX. 7, 8 wird nach dem umfangreichen Einschub der Gedanke von VIII. 18, 19 wieder aufgenommen.

IX. 16—19 pantheistischer Einschub in die Beschreibung der verschiedenen Arten der Gottesverehrer.

IX. 29 als Interpolation erkennbar wegen des vedântistischen Charakters und wegen des Widerspruchs, in dem die erste Zeile zu anderen Stellen der Bhag. steht. Böhtlingk bemerkt zu diesem Verse: „Hier sagt Kṛshṇa, daß er sich zu allen Wesen gleich verhalte, daß ihm Niemand verhaßt und Niemand lieb sei. Wie stimmt dieses zu 12, 14 [sollte 13 heißen] fgg.?“ Man darf hinzufügen: und zu V. 29, VII. 17, XVIII. 64, 65, 69? Alle diese Stellen, an denen Kṛṣṇa sich als den Freund aller Wesen bezeichnet oder von den Menschen spricht, die ihm teuer sind, gehören als nicht vedântistisch gefärbt dem ursprünglichen Gedicht an.

X. 12—42 eingehende, bis in geschmacklose Einzelheiten sich verlierende Ausführung des Vorangehenden vom vedântistischen Standpunkt. Eine Nachbildung von X. 20—39 findet sich in der Îśvaragîtâ, Kûrmapurâṇa II. 7. 3—17; aber schon die Vorlage in der Bhag. trägt ganz purâṇischen Charakter.

Man könnte zweifelhaft sein, ob nicht auch noch der erste Vers von Gesang XI zu dem großen Einschub gehöre. Es ist auffalleud, daß Arjuna schon hier (wo noch 8 weitere Gesänge bevorstehen) erklärt, daß infolge von Kṛṣṇa's Belehrung seine Verwirrung geschwunden sei. Erst am Ende des Gedichts XVIII. 72 fragt Kṛṣṇa naturgemäß, wie es sich damit verhalte; und erst dort (v. 73) hat Arjuna's Erklärung eigentlich Sinn und Berechtigung. Aber ich will auf eine solche Gedankenlosigkeit in dem Gedicht nicht allzu großes Gewicht legen.

XI. 7, 13, 15, 16, 18, 19 pantheistische Interpolationen. Wenn in diesen Versen gesagt ist, daß Kṛṣṇa's göttliche Gestalt die ganze Welt in sich enthalte, die Götter, alle Wesen und alle Dinge, und daß diese Gestalt ohne Anfang, Mitte und Ende sei, so steht das mit dem Folgenden in einem nicht auszugleichenden Widerspruch; denn in v. 20—23 schauen die Welten und alle übernatürlichen Wesen mit Staunen und Bestürzung auf Kṛṣṇa, was nicht von ihnen gesagt sein könnte, wenn sie in ihm enthalten wären; und in v. 32 erklärt Kṛṣṇa, daß „er sich hierher begeben habe", was ein allgegenwärtiges, die ganze Welt erfüllendes Allwesen nicht von sich aussagen könnte.

XI. 37—40 vedântistische Interpolation.

XIII. 2 vedântistischer Einschub. Wenn Kṛṣṇa sich hier als den Kenner des Feldes in allen Feldern (als die Seele in allen Leibern) bezeichnet, wie kann er dann in v. 3 noch die Belehrung darüber in Aussicht stellen, wer dieser Kenner des Feldes sei?

XIII. 4 eingeschobener Vers; denn die Berufung auf Upaniṣads und auf das Brahmasûtra (also auf vedântistische Quellen) paßt um so weniger, als im folgenden das Wesen des Leibes nach der Lehre des Sâṃkhya-Yoga beschrieben wird.

XIII. 12—18, 27, 28, 30—33 vedântistische Interpolationen. Vers 27 scheint nach dem Muster von v. 29 in vedântistischem Sinne gebildet zu sein. Bei v. 31 könnte man zweifeln, ob er mit seiner Umgebung auszuschalten sei; sollte er schon dem ursprünglichen Gedicht angehört haben, so würde *paramâtman* auch hier ganz im Sinne von *âtman* stehen wie VI. 7 und XIII. 22.

XIV. 26, 27 vedântistischer Anhang. Mit v. 22—25 ist die in v. 21 gestellte Frage beantwortet.

XV. 12—15 den Zusammenhang störende Interpolation vom Standpunkt des Vedânta und der brahmanischen Theologie.

XVII. 23—28 Anhang über die Verwendung der Ausdrücke *om*, *tad*, *sat* und *asat* mit vedântistischem Ausgangspunkt. Der ganze Absatz ist hier und in der Bhag. überhaupt so unangebracht wie möglich; schon äußerlich erweist er sich als später hinzugefügt, weil die Ausführungen auf Grund der in v. 7 vorangestellten Disposition mit v. 22 zu Ende sind.

XVIII. 45, 46 eingeschobene Verse wegen des vedântistischen Ausdrucks *yena sarvam idaṃ tatam* in v. 46. Mit v. 46 steht v. 45 im engsten Zusammenhang.

XVIII. 50—54 vedântistische Interpolation. Wenn in diesen Versen auseinandergesetzt wird, wie der Vollkommene zum Brahman eingeht, so darf man fragen, warum er in v. 55 noch in die Gemeinschaft Kṛṣṇa's, des persönlichen Gottes, gelangen soll. Vers 54 leitet zu dem unterbrochenen Texte des ursprünglichen Gedichtes über, jedoch in ungeschickter Weise; denn der zum Brahman Gewordene hat keinen Anlaß mehr, die höchste Liebe zu Kṛṣṇa zu fassen.

XVIII. 74—78 Schlußbemerkungen Saṃjaya's, angehängt zum Zweck der Einfügung in das Mbh.

Zu S. 70, 71. Wenn die Datierung des Brahmasûtra durch Jacobi, JAOS. 31, 13 fg., (200—450 n. Chr.) endgiltig sein sollte, so könnte die Umarbeitung der Bhagavadgîtâ erst im dritten Jhdt. nach Chr. vorgenommen worden sein, da das Brahmasûtra in dem der Überarbeitung angehörigen Verse XIII. 4 erwähnt ist. Andererseits würden dadurch die Grenzen für die Abfassung des Brahmasûtra auf das dritte Jhdt. eingeschränkt werden.
